S. FISCHER

Niemand ist wirklich unabhängig. Vom ersten Tag unseres Lebens an sind wir in soziale und gesellschaftliche Zusammenhänge eingebunden. Im Zusammenleben mit anderen gelten bestimmte Regeln, und es wird erwartet, dass wir uns so verhalten, wie andere es von uns verlangen. Sind Freiheit und Unabhängigkeit nur eine schöne Illusion?

Jorge Bucay glaubt das nicht. Er untersucht die Geschichte unserer Abhängigkeiten in Familie und Gesellschaft, zeigt ihre unterschiedlichen Formen auf und erzählt, wie es möglich ist, selbstbestimmt und verantwortlich sein eigenes Leben in die Hand zu nehmen. Wir alle verfügen über innere und äußere Ressourcen, die es uns ermöglichen, eine Wahl zu treffen, in voller Verantwortung für unsere Entscheidungen.

So begeben wir uns auf den Weg der Selbstabhängigkeit, der uns weiterführt, hin zum anderen und letztlich zu einem erfüllten Leben.

Jorge Bucay, 1949 in Buenos Aires, Argentinien, geboren, stammt aus einer Familie mit arabisch-jüdischen Wurzeln. Aufgewachsen ist er in einem überwiegend christlichen Viertel von Buenos Aires. Er studierte Medizin und Psychoanalyse und wurde zu einem der einflussreichsten Gestalttherapeuten.

Jorge Bucay ist im wahrsten Sinn des Wortes ein geborener Geschichtenerzähler. Sein großer internationaler Erfolg verdankt sich der Erfahrung und Kenntnis unterschiedlichster kultureller Einflüsse und seinem stupenden Wissen über den Menschen. Seine Bücher reflektieren alle diese Einflüsse und seine jahrelange therapeutische Erfahrung.

Lisa Grüneisen, 1967 geboren, arbeitet seit ihrem Studium der Romanistik, Germanistik und Geschichte als Übersetzerin. Sie übersetzte unter anderem Carlos Fuentes, Miguel Delibes, Alberto Manguel und Frida Kahlo.

Weitere Informationen finden Sie auf www.fischerverlage.de

Jorge Bucay

Selbstbestimmt leben

Wege zum Ich

Aus dem Spanischen
von Lisa Grüneisen

※ | FISCHER

2. Auflage: Februar 2017

Erschienen bei FISCHER Taschenbuch
Frankfurt am Main, März 2016

Die spanische Originalausgabe erschien 2001
unter dem Titel ›El camino de la autodependencia‹
© 2001 Jorge Bucay
The translation follows the edition
by Editorial Sudamericana, S. A., Buenos Aires 2001
Published by arrangement with UnderCover Literary Agents

Für die deutschsprachige Ausgabe:
© 2016 S. Fischer Verlag GmbH, Hedderichstraße 114,
D-60596 Frankfurt am Main
Satz: Fotosatz Amann, Memmingen
Druck und Bindung: CPI books GmbH, Leck
Printed in Germany
ISBN 978-3-596-19794-1

Für meine Ursprungsfamilie
Chela, Elías und Cacho,
durch die ich bin, der ich bin.

Inhalt

EINLEITUNG 9

STATT EINES VORWORTS 13
Die Allegorie von der Kutsche

1. Die Ausgangssituation 17
Unterschiedliche Formen der Abhängigkeit

2. Die Ursprünge 33
Die Geschichte unserer Abhängigkeit

3. Bedeutung 49
Über die Selbstabhängigkeit

4. Voraussetzungen 67
Die Liebe zu sich selbst

5. Das Rüstzeug 79
Abgrenzung und Ressourcen

6. Die Entscheidung 109
Die Eroberung der Autonomie

AUF DEM WEG 145

Einleitung

Mit Sicherheit gibt es einen Weg,
der *vielleicht*
auf vielerlei *Weise*
individuell und einzigartig ist.

Vielleicht gibt es einen Weg,
der *mit Sicherheit*
auf vielerlei *Weise*
für alle derselbe ist.

Mit Sicherheit gibt es
einen möglichen Weg.

Dieser Weg ist es, den man finden und gehen muss. Vielleicht macht man sich allein auf und ist überrascht, auf dem weiteren Weg all jenen zu begegnen, die in dieselbe Richtung unterwegs sind.

Dieses endgültige, einsame, persönliche, entscheidende Ziel sollte man nicht vergessen. Denn es ist unsere Brücke zu den anderen, der einzige Verbindungspunkt, der uns unweigerlich mit der Welt dessen verbindet, was ist.

Wie auch immer man das endgültige Ziel nennen mag: Glück, Selbstverwirklichung, Erfüllung, Erleuchtung, Erkenntnis, innerer Frieden, Erfolg, Vollendung oder einfach das endgültige Ziel … Es tut nichts zur Sache. Wir alle wissen, dass es darum geht, gut dort anzukommen.

Manche gehen unterwegs in die Irre und treffen ein wenig später ein, andere finden eine Abkürzung und werden zu kundigen Führern für die anderen.

Einige dieser Wegführer haben mich gelehrt, dass es viele Wege gibt, die ans Ziel führen, unendlich viele Ausgangspunkte, Tausende von Optionen und Dutzende von Routen, die in die richtige Richtung führen. Wege, die jeder für sich geht.

Doch es gibt einige Wege, die stets Teil des ganzen Weges sind.

Wege, denen man nicht ausweichen kann.

Wege, die man gehen muss, wenn man weiterkommen will.

Wege, auf denen wir lernen, was man unbedingt wissen muss, um das letzte Wegstück in Angriff zu nehmen.

Für mich sind diese unerlässlichen Wege die folgenden vier:

1. Der Weg der endgültigen Begegnung mit sich selbst. Ich nenne ihn den **Weg der Selbstabhängigkeit.**
2. Der Weg der Begegnung mit dem Anderen, mit der Liebe und der Sexualität. Ich nenne ihn den **Weg der Begegnung.**
3. Der Weg der Verluste und des Schmerzes. Ich nenne ihn den **Weg der Tränen.**
4. Und schließlich den Weg der Erfüllung und der Sinnsuche. Ich nenne ihn den **Weg des Glücks.**

Auf meiner eigenen Reise habe ich die Hinweise studiert, die andere auf ihrer Reise hinterließen, und ich verwendete einige Zeit darauf, meine eigenen Wegkarten zu zeichnen.

Meine Karten dieser vier Wege wurden in jenen Jahren zu einer Art Leitfaden, der mir dabei half, wieder auf den Weg zurückzufinden, wenn ich die Orientierung verlor.

Vielleicht können meine Bücher dem einen oder anderen eine Hilfe sein, der wie ich immer wieder vom Weg abkommt, und vielleicht auch jenen, die in der Lage sind, Abkürzungen zu finden. Aber eine Karte ist immer etwas anderes als die Landschaft selbst, und wir müssen die Route immer wieder korrigieren, wenn wir aufgrund unserer eigenen Erfahrungen einen Fehler des Kartographen entdecken. Nur so können wir den Gipfel erreichen.

Hoffentlich begegnen wir uns dort.

Das würde bedeuten, dass du es geschafft hast.

Und es würde bedeuten, dass auch ich es geschafft habe.

Jorge Bucay

Statt eines Vorworts

Die Allegorie von der Kutsche

Eines Tages im Oktober sagt eine vertraute Stimme am Telefon zu mir:

»Komm mal vor die Tür. Da ist ein Geschenk für dich.«

Begeistert renne ich auf die Straße, und da steht sie: eine prächtige Kutsche, die genau vor meiner Tür hält. Sie ist aus glänzendem Nussbaumholz, mit Bronzebeschlägen und Lampen aus weißem Porzellan, sehr vornehm, sehr elegant, sehr »chic«. Ich öffne den Wagenschlag und steige ein. Eine breite, dick gepolsterte Bank aus bordeauxrotem Samt sowie weiße Spitzenvorhänge verleihen dem Innenraum ein herrschaftliches Gepränge. Ich nehme Platz und stelle fest, dass alles wie für mich gemacht ist: Beinfreiheit, Sitztiefe, Deckenhöhe ... Alles ist sehr bequem, da ist kein Platz für jemand anderen. Ich schaue aus dem Fenster: Auf der einen Seite ist die Fassade meines Hauses zu sehen, auf der anderen das Nachbarhaus ... Und ich sage mir: »Was für ein wunderbares Geschenk! Einfach phantastisch ...«, und ich genieße eine ganze Weile dieses Gefühl.

Doch nach einiger Zeit beginne ich mich zu langweilen. Die Aussicht aus dem Fenster ist immer dieselbe. Ich frage mich, wie lange man immer dasselbe ansehen kann. Und ich komme zu dem Schluss, dass dieses Geschenk, das man mir gemacht hat, völlig nutzlos ist.

Gerade, als ich meinem Unmut lautstark Ausdruck verlei-

hen will, kommt mein Nachbar vorbei und sagt, als könne er meine Gedanken lesen:

»Merkst du nicht, dass dieser Kutsche etwas fehlt?«

Ich mache ein ratloses Gesicht, während ich die Polster und Wandbespannungen betrachte.

»Die Pferde fehlen«, setzt er hinzu, bevor ich fragen kann.

Ach, deshalb verändert sich die Aussicht nicht, denke ich. Deshalb ist es so eintönig ...

»Stimmt«, sage ich.

Ich gehe zur Poststation und spanne zwei Pferde vor den Wagen. Dann steige ich wieder ein und rufe von drinnen:

»Hüh!!!«

Die Landschaft, die an mir vorüberzieht, ist wunderbar, einzigartig, sie verändert sich fortwährend und versetzt mich in Staunen.

Doch nach einiger Zeit spüre ich, wie die Kutsche zu vibrieren beginnt, und ich bemerke einen Riss in einer der Seitenwände.

Es sind die Pferde, die mich auf schreckliche Wege führen; sie jagen durch sämtliche Schlaglöcher, galoppieren über Randsteine, bringen mich in gefährliche Viertel.

Mir wird bewusst, dass ich keinerlei Kontrolle habe. Die Pferde machen mit mir, was sie wollen.

Am Anfang war die Fahrt wirklich schön, aber irgendwann merke ich, dass es sehr gefährlich ist.

Ich bekomme Angst und stelle fest, dass auch das mir nichts nützt.

In diesem Moment sehe ich meinen Nachbarn in seinem Auto vorbeifahren. Ich brülle ihn an:

»Was hast du mir angetan?«

Er schreit zurück:

»Du hast den Kutscher vergessen!«

»Oh ...«, sage ich.

Unter großer Mühe bringe ich mit seiner Hilfe die Pferde zum Stehen und beschließe, einen Kutscher einzustellen. Ein paar Tage später tritt er seinen Dienst an. Er ist ein zuverlässiger, umsichtiger, erfahrener, stets schlecht gelaunter Mann.

Jetzt habe ich das Gefühl, dass ich bereit bin, das Geschenk, das man mir gemacht hat, wirklich zu genießen.

Ich steige ein und mache es mir bequem, dann sehe ich aus dem Fenster und sage dem Kutscher, wo es hingehen soll.

Er lenkt, er hat die Lage unter Kontrolle, er entscheidet über die angemessene Geschwindigkeit und wählt die beste Route.

Und ich genieße die Fahrt.

Diese kleine Geschichte soll dazu dienen, das ganzheitliche Konzept des Seins zu veranschaulichen.

Bei der Geburt verlassen wir unser »Haus« und erhalten ein Geschenk: unseren *Körper*. Eine Kutsche, nur gemacht für uns. Ein Fortbewegungsmittel, das sich im Laufe der Zeit allen Veränderungen anpassen kann und doch während der gesamten Reise ein- und dasselbe bleibt.

Nicht lange nach der Geburt wird unser Körper von einem inneren Drang nach Bewegung erfasst, von einer tiefen Notwendigkeit, dem unstillbaren Bedürfnis, sich in Bewegung zu setzen. Doch ohne Pferde ist die Kutsche – unser Körper – nutzlos. Diese Pferde sind unsere *Impulse,* unsere Triebe und Gefühle.

Eine Zeitlang geht alles gut, doch irgendwann stellen wir fest, dass diese Impulse uns auf riskante und bisweilen gefährliche Wege führen. Dann müssen wir sie zügeln. Hier kommt nun der Kutscher ins Spiel: unser Kopf, unser *Intellekt,* unsere Fähigkeit zu rationalem Denken. Dieser Kutscher wird uns der beste Wegführer sein.

Man muss sich bewusst machen, dass jeder von uns mindestens drei dieser Komponenten, von denen hier die Rede ist, in sich trägt.

Auf der Reise deines Lebens bist du die Kutsche, du bist die Pferde, und du bist der Kutscher.

Du musst ein Gleichgewicht zwischen all diesen Teilen herstellen und darauf achten, keines der drei zu vernachlässigen.

Wenn du zulässt, dass dein Körper nur von deinen Impulsen, deinen Gefühlen oder Leidenschaften geleitet wird, kann das sehr gefährlich werden. Du brauchst deinen Kopf, um eine gewisse Ordnung in dein Leben zu bringen.

Die Aufgabe des Kutschers ist es, sich Gedanken über den Weg zu machen. Aber letztendlich sind es die Pferde, die die Kutsche ziehen. Lass nicht zu, dass der Kutscher sie vernachlässigt. Sie müssen genährt und gepflegt werden, denn was würdest du ohne die Pferde machen? Was würde aus dir, wenn du nur aus Körper und Gehirn bestehen würdest? Wie sähe das Leben aus, wenn du keine Wünsche und Sehnsüchte hättest? Es wäre wie bei diesen Menschen, die ohne Kontakt zu ihren Emotionen durchs Leben gehen und deren Kutsche einzig und allein von ihrem Verstand angetrieben wird.

Natürlich darfst du auch die Kutsche nicht vernachlässigen, schließlich muss sie die ganze Reise hindurch halten. Und das bedeutet, sie zu reparieren, sie zu pflegen und alles Notwendige zu tun, um sie in einem guten Zustand zu erhalten. Wenn sich keiner um sie kümmert, geht die Kutsche kaputt, und wenn die Kutsche kaputtgeht, ist die Reise zu Ende.

Erst in dem Moment, in dem ich das verinnerlicht habe, in dem ich mir darüber im Klaren bin, dass ich mein Körper, mein Kopfschmerz und mein Appetit bin, mein Verlangen, meine Wünsche und Instinkte; dass ich meine Gedanken bin, mein Verstand und meine Erfahrungen … Erst dann bin ich in der Lage, mich gut gerüstet auf den Weg zu machen. Den Weg, für den ich mich heute entscheide.

Die Ausgangssituation

Unterschiedliche Formen der Abhängigkeit

Hamlet Lima Quintana schreibt[1]:

Alles ist eine Frage des Lichts,
das auf die Dinge fällt ...
Alles ist eine Frage der Form,
der Konturen,
der Auslassungen und
Unwägbarkeiten.
Alles ist auch eine Frage dessen,
wie die Zeit uns prägt,
wie, was uns umgibt, zu dem macht, was wir sind.
Im Grunde geht es darum, zu wählen,
ob man den Schatten folgt
oder sich damit abfindet, der Verfolgte zu sein.
Ein merkwürdiges »To be or not to be«
in diesem Beinahe-Sein,
in diesem Beinahe-Nichtsein.
Aus den Schatten herausfinden
oder die Schatten beständig werden lassen.
Und sich auf der letzten Etappe des Abgrunds,
wenn wir die anderen befreit haben,
all jene anderen,

---

1 Hamlet Lima Quintana, in: *Antología Poética*. Edición Edaf.

daran erinnern,
dass man selbst *der Gefangene ist.*
Und von nun an …
frei werden.

Um den Begriff der Abhängigkeit zu begreifen, lohnt es sich, uns vorzustellen, dass wir auf manche Weise frei und auf vielerlei Weise Gefangene sind. In diesem »Beinahe-Sein und Beinahe-Nichtsein«, von dem der Dichter spricht, von der Frage auszugehen: Welchen Sinn und welche Bedeutung messen wir der Tatsache bei, dass wir von anderen abhängig sind?

Ich greife hier einen Gedanken wieder auf, für den ich seinerzeit einen eigenen Begriff formte: die Selbstabhängigkeit (= *Autodependenz*).

Gibt es nicht schon genügend Wörter, die auf dieselbe Wurzel zurückgehen?

Abhängigkeit = *Dependenz*
Co-Abhängigkeit = *Co-Dependenz*
Wechselseitige Abhängigkeit = *Interdependenz*
Un-Abhängigkeit = *Independenz*

Braucht es da noch ein weiteres?

Ich glaube ja.

Das Wort *abhängig – dependiente –* leitet sich im Spanischen von *pendiente – hängend –* ab, bezeichnet also etwas, das sich ohne Kontakt zu einem Untergrund in der Luft befindet.

Gleichzeitig bezeichnet es etwas, das unvollständig ist, ohne Abschluss, etwas Unerledigtes. In der maskulinen Form bezeichnet es zudem ein Schmuckstück, einen Anhänger oder Ohrring nämlich. Ist es weiblich, bezeichnet es eine abschüssige Fläche, einen Abhang, der durchaus schwierig zu erklimmen und gefährlich sein kann.

Bei all diesen Bedeutungen und Ableitungen ist es nicht verwunderlich, dass das Wort *Abhängigkeit* in uns Bilder hervorruft, die wir zu seiner Erklärung verwenden:

Abhängig ist jemand, der sich an einen anderen hängt, der quasi ohne Bodenhaftung in der Luft schwebt, wie ein Schmuckstück, ein Anhänger oder Anhängsel dieses anderen. Jemand, der am Abhang, am Abgrund steht, ewig unvollkommen, ewig unvollständig.

Es war einmal ein Mann, der litt an der absurden Angst, sich in der Menge zu verlieren. Alles begann an einem Abend, als er noch sehr jung war. Es war auf einem Maskenball. Jemand hatte ein Foto gemacht, auf dem alle Gäste in einer Reihe standen. Aber als er es betrachtete, konnte er sich nicht finden. Er hatte sich für ein Piratenkostüm mit Augenklappe und Kopftuch entschieden, aber viele andere waren in einer ähnlichen Verkleidung gekommen. Er hatte die Wangen rot angemalt und sich ein Schnurrbärtchen aufgemalt, aber es gab noch mehr Kostümierte mit roten Bäckchen und Schnurrbärten. Er hatte sich prächtig amüsiert auf dem Fest, aber auf dem Foto sahen alle sehr vergnügt aus. Schließlich fiel ihm wieder ein, dass er den Arm um ein blondes Mädchen gelegt hatte, als das Foto gemacht wurde; also versuchte er diesen Anhaltspunkt auf dem Foto auszumachen. Jedoch vergeblich: Mehr als die Hälfte der Frauen war blond, und nicht wenige zeigten sich Arm in Arm mit einem Piraten.

Dem Mann machte dieses Erlebnis sehr zu schaffen. In der Folge ging er jahrelang nirgendwo mehr hin, aus Angst, sich erneut zu verlieren.

Aber eines Tages fand er eine Lösung: Ganz gleich zu welchem Anlass, von nun an würde er stets braune Kleidung tragen. Braunes Hemd, braune Hose, braunes Sakko, braune Strümpfe, braune Schuhe. »Wenn dann jemand ein Foto macht, weiß ich immer, dass ich der Mann in Braun bin«, sagte er sich.

Im Laufe der Zeit hatte unser Protagonist Hunderte von Gelegenheiten, seine Schläue bestätigt zu sehen: Wenn er sich neben anderen Passanten in den Schaufenstern der großen Geschäfte spiegelte, beruhigte er sich immer wieder mit dem Satz: »Ich bin der Mann in Braun.«

Im darauffolgenden Winter schenkten ihm Freunde einen Wellnesstag. Der Mann war begeistert; er war noch nie in einem solchen Bad gewesen und hatte von Freunden schon viel über die Vorzüge von Wechselbädern, finnischer Sauna und Dampfbad gehört.

Im Bad angekommen, reichte man ihm zwei Handtücher und forderte ihn auf, in einer Kabine die Kleider abzulegen. Der Mann zog die Jacke aus, die Hose, den Pullover, das Hemd, Schuhe und Strümpfe ... Als er auch die Unterhose ablegen wollte, fiel sein Blick in den Spiegel, und er erstarrte. »Wenn ich das letzte Kleidungsstück ausziehe, bin ich ein Nackter unter Nackten«, dachte er. »Und wenn ich mich verliere? Wie soll ich mich wiederfinden ohne diesen Hinweis, der mir so gute Dienste geleistet hat?«

Eine gute Viertelstunde saß er in Unterhosen in der Kabine und überlegte, ob er wieder gehen sollte ... Dann fiel ihm ein, dass er vielleicht ein Identitätsmerkmal bei sich behalten konnte, wenn er schon nicht angezogen bleiben konnte. Ganz vorsichtig zupfte er einen Faden aus seinem Pullover und band ihn sich um den rechten großen Zeh. »Falls ich mich verliere, weiß ich: Der mit dem braunen Faden um den Zeh bin ich«, sagte er sich.

Nun beruhigt, genoss er den heißen Dampf in der Sauna und schwamm ein paar Bahnen. Dabei bemerkte er nicht, dass sich der Wollfaden im Wasser von seinem Zeh löste und auf der Oberfläche trieb. Als ein anderer Schwimmer den

Faden im Wasser entdeckte, sagte er zu seinem Freund: »So ein Zufall! Das ist genau die Farbe, die ich meiner Frau immer beschreibe, damit sie mir einen Schal strickt. Ich nehme den Faden mit, dann kann sie Wolle in der gleichen Farbe kaufen.« Damit fischte er den Faden aus dem Wasser, und als er merkte, dass er nichts hatte, worin er ihn aufbewahren konnte, kam er auf die Idee, ihn sich um den rechten großen Zeh zu binden.

Inzwischen hatte der Held dieser Geschichte alle Angebote genutzt und begab sich wieder in die Kabine, um sich anzuziehen. Er ging guter Dinge hinein, aber als er sich abgetrocknet hatte und einen Blick in den Spiegel warf, stellte er entsetzt fest, dass er völlig nackt und der Faden an seinem Zeh nicht mehr da war. »Ich habe mich verloren«, sagte er zitternd und stürzte hinaus, um den braunen Faden zu suchen, der ihm seine Identität gab. Nachdem er eine Weile aufmerksam den Boden abgesucht hatte, fiel sein Blick auf den Fuß des anderen Mannes, der den Wollfaden um seinen Zeh gebunden hatte. Schüchtern ging er zu ihm und fragte: »Entschuldigen Sie. Ich weiß, wer Sie sind. Können Sie mir sagen, wer ich bin?«

Es muss nicht so weit gehen, dass wir auf andere angewiesen sind, damit sie uns sagen, wer wir sind. Aber wenn wir unseren eigenen Augen nicht trauen und uns nur durch die Augen der anderen sehen, sind wir nahe dran. Abhängig zu sein bedeutet, mich freiwillig einem anderen auszuliefern, damit er mich führt und leitet und mein Verhalten nach seinem Willen lenkt, nicht nach meinem. Abhängigkeit ist für mich immer etwas Dunkles und Krankhaftes, eine Haltung, die, und mag sie durch noch so viele Argumente gerechtfertigt sein, letztendlich zwangsläufig Trottel hervorbringt.

Das spanische *imbécil=Trottel* haben wir von den Griechen

entlehnt (*im*: mit, *báculo*: Stock), die damit jene bezeichneten, die sich stets auf andere stützen, die auf andere angewiesen sind, damit sie gehen können.

Ich spreche hier nicht von Menschen, die sich in einer vorübergehenden Krise befinden, von Versehrten und Kranken, Menschen mit geistiger oder körperlicher Behinderung, unreifen Kindern und Jugendlichen. Sie sind mit Sicherheit von anderen abhängig, und daran ist nichts Schlechtes oder Schlimmeres, denn sie haben einfach nicht die Fähigkeit und die Möglichkeiten, es nicht zu sein.

Gesunde Erwachsene jedoch, die sich weiterhin dafür entscheiden, von anderen abhängig zu sein, werden mit der Zeit zu Trotteln. Viele von ihnen wurden schon zur Abhängigkeit erzogen, denn es gibt Eltern, die ihre Kinder zur Freiheit erziehen, und es gibt Eltern, die ihre Kinder dumm halten.

Es gibt Eltern, die ihre Kinder dazu ermuntern, eigene Entscheidungen zu treffen, und ihnen mit zunehmendem Alter die Verantwortung für ihr Leben übertragen, und es gibt Eltern, die am liebsten immer in der Nähe sind, »um zu helfen«, »für alle Fälle«, »weil er oder sie (mit zweiundvierzig Jahren!) so gutgläubig ist«, und »wozu haben wir das ganze Geld verdient, wenn nicht, um unseren Kindern unter die Arme zu greifen?«

Diese Eltern werden irgendwann sterben, und dann werden diese Kinder versuchen, uns als Krückstock zu benutzen.

Ich kann Abhängigkeit nicht gutheißen, weil ich die Dummheit nicht gutheißen möchte.

Fernando Savater[2] zufolge gibt es verschiedene Klassen von Trotteln.

2 Fernando Savater, *Tu, was du willst. Ethik für die Erwachsenen von morgen*. Campus 2007.

Der rational gehemmte Trottel glaubt, dass er nichts im Kopf hat (oder er hat Angst, dass irgendwann nichts mehr drin ist, wenn er ihn benutzt). Deshalb fragt er die anderen: »Wie bin ich? Was soll ich machen? Wohin soll ich gehen?« Wenn er eine Entscheidung treffen muss, läuft er durch die Gegend und fragt: »Was würdest du an meiner Stelle tun?« Vor jeder Aktion schart er einen ganzen Beraterstab um sich, damit dieser für ihn denkt. Da er tatsächlich glaubt, dass er nicht in der Lage ist zu denken, lässt er andere für sich denken, und das ist wirklich beunruhigend. Die große Gefahr ist, dass er oft bedächtig und freundlich wirkt und wegen seiner verbindlichen Art sehr beliebt ist. (Ein Ratschlag: Wähl so einen bloß nicht!)

Der Gefühlstrottel ist immerzu darauf angewiesen, dass man ihm versichert, wie sehr man ihn liebt und schätzt und was für ein netter, liebenswerter Mensch er ist.

Er führt solche irrwitzigen Dialoge wie:

»Liebst du mich?«

»Ja, ich liebe dich ...«

»Nerve ich dich?«

»Was?«

»Ich meine nur ...«

»Nein, warum solltest du mich nerven?«

»Ah. Gut. Liebst du mich noch?«

(Zum Davonlaufen!)

Ein Gefühlstrottel ist ständig auf der Suche nach jemandem, der ihm immer und immer wieder beteuert, dass er niemals aufhören wird, ihn zu lieben. Wir alle haben den völlig normalen Wunsch, von dem geliebten Menschen wiedergeliebt zu werden. Aber etwas ganz anderes ist es, dies ständig bestätigt haben zu wollen.

Wir Männer haben eine stärkere Tendenz zum Gefühlstrottel als Frauen. Bei letzteren betrifft die Unfähigkeit eher praktische Dinge, weniger ihre Gefühlswelt[3].

Wenn wir tausend Paare nehmen, die sich getrennt haben, und ihren weiteren Lebensweg verfolgen, stellen wir fest, dass 95 Prozent der Männer nach drei Monaten bereits wieder mit einer anderen Frau zusammenleben (oder kurz davor stehen). Darauf angesprochen, werden sie sagen: »Ich habe es nicht ertragen, in eine dunkle Wohnung zu kommen, wo niemand auf mich wartet. Ich habe es nicht ausgehalten, die Wochenenden allein zu verbringen.«

99 Prozent der Frauen hingegen leben nach wie vor allein oder gemeinsam mit ihren Kindern. Unterhalten wir uns mit ihnen, sagen sie: »Nachdem ich erst mal raus hatte, wie der Abfluss funktioniert, und die finanziellen Fragen geklärt waren, sehe ich keinen Grund, mir einen Mann ins Haus zu holen. Wozu? Damit er zu mir sagt: ›Bring mir mal die Pantoffeln, Liebling?‹ Kommt nicht in Frage.«

Kann sein, dass sie wieder einen Partner finden, mag sein, dass sie sich nach jemandem sehnen und sich wünschen, bestimmte Dinge mit einem anderen Menschen zu teilen. Aber sie werden ziemlich sicher nicht den Erstbesten nehmen, nur um beim Nachhausekommen keine dunkle Wohnung vorzufinden. Das ist ein typisches Männerding.

Und dann gibt es noch …

die moralischen Trottel, zweifellos die gefährlichsten von allen. Das sind diejenigen, die unentwegt Bestätigung von außen brauchen, um ihre Entscheidungen zu treffen.

Der moralische Trottel braucht jemanden, der ihm sagt, ob

---

3 Das sind lediglich Tendenzen. Ich will damit nicht sagen, dass das für alle Frauen und alle Männer gilt, noch schließt das eine das andere aus.

das, was er tut, richtig oder falsch ist, einen, der die ganze Zeit darauf achtet, ob sich das, was er tun möchte, gehört oder nicht, ob es das ist, was der andere oder die Mehrheit tun würden. Solche Menschen erstellen Umfragen darüber, ob sie ein anderes Auto oder ein neues Haus kaufen sollen oder ob es der richtige Zeitpunkt ist, um ein Kind zu bekommen.

Ihnen zu entkommen ist ziemlich schwierig. Man kann versuchen, einfach nicht zu antworten, wenn sie zum Beispiel fragen, wie man das Klopapier faltet. Aber am besten sucht man einfach das Weite ...

Spitzt sich eines dieser Abhängigkeitsmodelle zu und richtet sich auf eine bestimmte Person aus dem Umfeld, kann der Betroffene tatsächlich zu der Überzeugung gelangen, dass er ohne den anderen nicht leben kann. Folglich beginnt er, sein gesamtes Verhalten von dieser krankhaften Verbindung abhängig zu machen, die er als Rettung und Last zugleich empfindet. Sein gesamtes Tun ist darauf ausgerichtet, demjenigen, von dem er abhängig ist, eine Freude zu machen, ihn vor den Kopf zu stoßen, zu verführen, zu belohnen oder zu bestrafen.

Dieses Phänomen wird in der modernen Psychologie **Co-Abhängigkeit** genannt.

Ein Co-Abhängiger ist jemand, der an einer Krankheit leidet, die sich durchaus als Sucht bezeichnen ließe, mit dem (eher unwesentlichen) Unterschied, dass seine »Droge« ein bestimmter Typ von Mensch oder eine konkrete Person ist.

Genau wie bei jeder anderen Sucht besitzt der Co-Abhängige eine zu Suchtverhalten neigende Persönlichkeit und kann mehr oder weniger irrational handeln, um an seine »Droge« zu kommen. Und wie bei den meisten Süchten kann es zu heftigen Entzugserscheinungen kommen, wenn man ihm seine Droge plötzlich entzieht.

Die Co-Abhängigkeit ist die stärkste Ausprägung krankhafter Abhängigkeit. Die Sucht verbirgt sich hinter liebevoller Zuwendung, und das Abhängigkeitsverhalten setzt sich als die Vorstellung »Ich kann nicht ohne dich leben« in der Persönlichkeit fest.

Man hört oft: »Aber wenn ich jemanden wirklich und aus tiefstem Herzen liebe, ist es dann nicht wirklich so, dass ich ohne ihn nicht leben kann?« Und ich antworte dann immer: »Nein, ist es nicht.«

Die Wahrheit ist, dass ich immer ohne den anderen leben kann, *immer*. Und es gibt zwei Menschen, die das wissen sollten: Ich und der andere. Ich finde den Gedanken schrecklich, dass jemand glauben könnte, ich könne nicht ohne ihn leben und würde sterben, wenn er sich entscheiden sollte zu gehen … Es ist eine grauenvolle Vorstellung für mich, mit jemandem zusammenzuleben, der glaubt, ein Leben ohne mich sei unmöglich.

Solche Vorstellungen haben etwas Manipulatives und krankhaft Forderndes.

Die Liebe ist immer etwas Positives und Wunderbares, niemals etwas Negatives, aber sie kann mir als Vorwand dienen, um meiner Sucht zu frönen.

Deshalb sage ich immer, dass der Co-Abhängige nicht wirklich liebt; er braucht jemanden, stellt Forderungen, macht sich abhängig, aber er liebt nicht.

Es wäre gut, wenn wir beginnen würden, uns aus unseren Abhängigkeiten von anderen Menschen zu befreien, diese Räume der Abhängigkeit hinter uns zu lassen und dem anderen dabei zu helfen, sich aus seiner Abhängigkeit zu lösen.

Ich fände es wunderbar, wenn die Menschen, die ich liebe, mich ebenfalls lieben. Aber wenn sie mich nicht lieben, wäre ich froh, wenn sie es mir sagen und gehen (oder es mir nicht sagen und gehen). Denn ich möchte nicht mit jemandem zusammen sein, der nicht mit mir zusammen sein möchte …

Ja, das ist sehr schmerzhaft. Aber es ist immer noch besser, als wenn du mir weiter etwas vormachst.

Antonio Porcha schreibt in seinem Buch *Stimmen*: »Sie haben aufgehört, dich zu hintergehen, nicht, dich zu lieben. Für dich aber ist es, als hätten sie aufgehört, dich zu lieben.«

Klar, wir alle würden gern auf die furchtbare Enttäuschung verzichten, nicht geliebt zu werden. Um dem zu entgehen, greifen wir zuweilen zu neurotischen Formen der Manipulation: Ich manipuliere die Situation, um mir etwas vorzumachen und weiterhin glauben zu können, dass du mich liebst, dass du nach wie vor mein Halt bist, mein Krückstock.

Und dabei stürze ich in ein immer dunkleres Loch, während ich nach dem hellen Licht der Begegnung suche.

Der erste Schritt besteht darin, dass ich versuche, mich unentbehrlich zu machen.

Ich gebe dir alles, was du willst, versuche, es dir recht zu machen, stehe dir für alles zur Verfügung, was du brauchst, und will so erreichen, dass du ohne mich nicht zurechtkommst. Ich versuche, ein Abhängigkeitsverhältnis herzustellen, und ersetze meinen Wunsch, geliebt zu werden, durch den Wunsch, gebraucht zu werden. Denn gebraucht zu werden fühlt sich manchmal ganz ähnlich an, wie geliebt zu werden … Wenn du mich brauchst, rufst du mich an, bittest mich um Hilfe, lässt mich deine Angelegenheiten regeln, und zuweilen könnte ich sogar glauben, dass du mich liebst.

Aber manchmal scheinst du mich trotz all meiner Bemühungen einfach nicht zu brauchen. Was mache ich dann? Ich begebe mich noch eine Stufe tiefer.

Ich versuche, dich dazu zu bringen, dass du Mitleid mit mir hast …

Denn auch Mitleid hat ein wenig Ähnlichkeit mit Geliebt-werden …

Und wenn ich mich zum Opfer mache (»Ich liebe dich soo sehr … und du liebst mich nicht …«), dann, vielleicht …

Dieser Weg wird sehr häufig eingeschlagen. Auf die eine oder andere Weise haben wir alle uns schon einmal auf dieses Spielchen eingelassen. Vielleicht nicht so sehr, dass es Mitleid erregt hätte, aber wer hat noch nie gesagt: »Wie konntest du mir das antun?« oder »Das hätte ich nie von dir gedacht, ich bin so enttäuscht … Es tut so weh …« oder »Es ist mir egal, ob du mich liebst; *ich* liebe dich«?

Aber der Sturz geht noch tiefer …

Was, wenn ich es nicht schaffe, dein Mitleid zu erregen? Was mache ich dann? Deine Gleichgültigkeit ertragen?

Niemals!

Wenn es so weit gekommen ist, werde ich zumindest alles daransetzen, dass du mich hasst.

Manchmal lässt man die eine oder andere Stufe aus, nimmt zwei Stufen auf einmal und geht direkt vom Sich-unentbehr-lich-Machen zum Hass über. Denn im Grunde ist das, was ich nicht ertrage, die Gleichgültigkeit.

Und dann hat man es womöglich mit derart miesen Men-schen zu tun, dass sie uns nicht mal hassen wollen! Wirklich mies, oder?

Da will ich, dass du mich wenigstens hasst, und schaffe es nicht.

Dann … Ja, dann bin ich fast ganz unten angelangt. Und nun?

Da ich von dir und deinem Blick abhängig bin, würde ich alles dafür tun, nur um nicht deine Gleichgültigkeit ertragen zu müssen. Und oft nehme ich nun die letzte Stufe, um dich zu halten:

Ich setze alles daran, dass du Angst vor mir hast.

Angst vor dem, was ich anderen oder mir selbst antun könnte (weil ich mir ausmale, wie du voller Schuldgefühle zurückbleibst und immer an mich denkst …)[4]

Wir können uns gut vorstellen, wie Glenn Close in dem Film *Eine verhängnisvolle Affäre* zu Michael Douglas sagt: »Ich habe es nicht geschafft, mich geliebt und gebraucht zu fühlen; du weigerst dich sogar, Mitleid mit mir zu haben und dich aus Mitleid um mich zu kümmern. Es ist mir nicht mal gelungen, dass du mich hasst. Aber jetzt wirst du mich beachten müssen, ob du willst oder nicht. Denn von jetzt an werde ich alles daransetzen, dass du mich fürchtest.«

Wenn die Suche nach deinem Blick zu Abhängigkeit wird, wird die Liebe zum Machtkampf. Wir erliegen der Versuchung, uns in den Dienst des anderen zu stellen, sein Mitgefühl zu manipulieren, den Streit mit ihm zu suchen oder ihm gar mit Verlassen, Misshandlung oder unserem eigenen Leid zu drohen …

Wir werden erneut auf dieses Thema zu sprechen kommen, wenn es um *Das Buch der Begegnung* geht. Aber ich finde es wichtig, festzuhalten, dass es sich, ohne die Schwere dieses

---

4 Dieser unheilvolle Weg, den wir gewissermaßen als gesamte Menschheit beschreiten, wird auch von gewaltbereiten Gruppierungen in Argentinien und der übrigen Welt beschritten … Was ist da los? Das ist los: Da sind Menschen, die sich ungeliebt fühlen – niemand braucht sie, keiner beachtet sie, niemand bedauert sie in ihrem Leid. Und so beschließen sie, wenigstens gehasst zu werden, und verbreiten Angst und Schrecken. Die Angst, die sie verbreiten, ist ihr einziger Ersatz für die Liebe, die sie nicht bekommen können. Dieses Muster lässt sich auf alle Formen der Gewalt übertragen, von den Punks bis hin zu terroristischen Organisationen. Wer liebt schon einen Terroristen? Ich rechtfertige nichts, aber das hindert mich nicht daran, mich mit dem Gedanken auseinanderzusetzen, dass es ihre Art ist, Aufmerksamkeit auf sich zu ziehen … Irgendwann sind sie vom Weg abgekommen. Irgendwann hat ihnen jemand eingeredet, der einzige Weg, Anerkennung zu finden, sei es, Macht zu erlangen, und nun gibt es kein Zurück mehr. Und doch begann ihr Fall an einem Ort, der ganz eng und leidenschaftlich mit Liebe zu tun hatte.

Krankheitsbildes zu schmälern, bei der Co-Abhängigkeit wie mit jeder anderen Sucht verhält:

Sie ist behandel- und heilbar, doch die Bedingung dafür ist, dass man seine Sucht wirklich überwinden will.

Der Vorschlag lautet:

ALLE Abhängigkeit hinter sich lassen.

Das ist keinesfalls originell – sämtliche Psychologen, Ratgeber, Gurus und Philosophen der Welt sprechen davon.

Das Problem ist: Wohin soll der Weg gehen?

Meine Kollegen haben eine Lösung gefunden: die **INTER**dependenz, d. h., die wechselseitige Abhängigkeit. Du bist auf mich angewiesen und ich auf dich.

Dieser Ansatz ist zumindest problematisch, im schlimmsten Fall ist er sogar das größere Übel, eine Art Substitutionstherapie. Es gefällt mir nicht, wie die Interdependenz das Problem »löst«. Wechselseitige Abhängigkeit kann mehr oder weniger gesund oder krankhaft sein, in jedem Fall aber ist sie ein Trostpreis, denn ihr liegt der Gedanke zugrunde, dass alles in bester Ordnung ist, solange du genauso auf mich angewiesen bist wie ich auf dich. Schließlich sind wir zusammen.

Ich sage immer, dass sich die Paare dieser Welt in zwei große Gruppen unterteilen: diejenigen, bei denen beide wollen, dass die Wahl, die der andere getroffen hat, für immer und ewig Gültigkeit hat, und jene wie mich, die wollen, dass sich der andere jeden Tag aufs Neue für mich entscheidet. Vielleicht nicht aus denselben Gründen, aber eben doch für mich entscheidet.

Wechselseitige Abhängigkeit scheint unauflösliche Bande zu schaffen, weil beide aufeinander angewiesen sind, und nicht aufgrund der immer wieder neuen Entscheidung füreinander. Denn auch Abhängigkeit, die auf Gegenseitigkeit beruht, ist Abhängigkeit, und wenn man abhängig ist, hat man keine Entscheidungsfreiheit mehr …

Also bleibt scheinbar nur eine Möglichkeit:
Unabhängigkeit.
Unabhängigkeit heißt schlicht und einfach, von niemandem abhängig zu sein. Das wäre ganz wunderbar, wenn es nicht eine Lüge implizierte: Niemand ist unabhängig.

Unabhängigkeit ist ein unerreichbares Ziel, ein utopischer, virtueller Ort, der, so finde ich, die Richtung vorgeben kann, dessen Unerreichbarkeit uns jedoch bewusst sein sollte, wollen wir nicht in ewiger Frustration verharren.

Warum ist Unabhängigkeit nicht möglich?

Um unabhängig zu sein, müssten wir uns selbst genügen, und das ist unmöglich. Keiner kann dauerhaft auf andere verzichten. Wir brauchen die anderen, unbedingt, auf viele verschiedene Arten.

Nun ... Wenn Unabhängigkeit unmöglich ist, Co-Abhängigkeit krankhaft, Interdependenz keine Lösung und Abhängigkeit nicht erstrebenswert ... Was dann? Deshalb habe ich einen neuen Begriff geschaffen:

Selbstabhängigkeit.

2

Die Ursprünge

Die Geschichte unserer Abhängigkeit

Das menschliche Neugeborene ist das zerbrechlichste, abhängigste und verletzlichste Wesen der ganzen Schöpfung. Jedes andere Lebewesen, vom Einzeller bis hin zu den höher entwickelten Tieren, hat zumindest eine geringe Überlebenschance, falls nach der Geburt die Mutter oder der Vater nicht da sind, um sich um es zu kümmern.

Von den Insekten, die sofort nach dem Schlüpfen völlig unabhängig sind, bis hin zu den höher entwickelten Säugetieren, die wenige Stunden nach der Geburt auf den Beinen stehen können, um die Zitzen der eigenen Mutter zu suchen oder sich auf die Suche nach einer anderen Nahrungsquelle zu machen: Sie alle haben eine Chance, selbst wenn sie nur eins zu tausend beträgt.

Meeresschildkröten legen ihre Eier außerhalb des Wassers ab. Die Muttertiere wandern unter enormen Schwierigkeiten schwerfällig zweihundert Meter über den Strand, legen Hunderte von Eiern im Sand ab und kriechen dann ins Meer zurück. Wenn die Schildkrötenbabys schlüpfen, gehen viele auf dem Weg zum Wasser zugrunde; sie werden von Vögeln oder Reptilien gefressen oder verdorren in der Sonne … Nur eins oder zwei von tausend überleben.

Ein Menschenbaby hat nicht mal eine Chance von eins zu einer Million. Es ist *völlig abhängig*.

Die Lösung, die sich die Natur für diese absolute Abhängigkeit erdacht hat, besteht in der Schaffung einer Eltern-Kind-Bindung, die verhindert, dass Eltern ihre Kinder im Stich lassen. Aus Instinkt oder Liebe (mir ist die Vorstellung lieber, dass es sich um Liebe handelt) sehen wir diese »Jungen« als Teil unser selbst. Sie zu verlassen käme einer Selbstverstümmelung gleich; es wäre, als wollte man auf einen Teil des eigenen Körpers verzichten.

Das schützt das Neugeborene davor, von den Eltern verlassen zu werden, und stellt sicher, dass sich jemand um es kümmert.

Aber dieser Mechanismus bringt nicht nur Sicherheit, sondern auch Probleme mit sich.

Wenn sich ein Mann und eine Frau entscheiden, eine Familie zu gründen und ein Kind zu bekommen, schaffen sie damit eine Verantwortlichkeit gegenüber dem, was kommt, aber sie schaffen auch unweigerlich einen Konflikt, für den sie eine Lösung finden müssen.

Sie entschließen sich, ein Lebewesen in die Welt zu setzen, das sie wortwörtlich als eine Erweiterung ihrer selbst empfinden. Gleichzeitig wissen sie jedoch, dass dieses Wesen eine eigenständige, außerhalb der Paarbeziehung stehende Persönlichkeit sein wird, das von der Geburt an seine Abnabelung betreibt.

Das ist für uns Eltern nicht leicht. Es ist nie leicht, der Gefängniswärter und zugleich der Befreier zu sein. Die Liebe zu einem Kind ist anders als die Liebe zu jedem anderen. Mit meiner Tochter Claudia passieren mir Dinge, die mir mit anderen nicht passieren. Ich liebe sie nicht nur mehr als alles andere auf der Welt, ich liebe sie auch auf eine andere Art, so, als ob sie ein Teil von mir wäre.

Kinder sind in vielerlei Hinsicht eine Ausnahme.

Das Gefühl, dass der andere eine Erweiterung meiner selbst ist, kann in der ersten Zeit sehr gut fürs Baby sein, weil es mich dazu bringt, es zu versorgen und zu beschützen. Denn im Grunde erfüllen sich die Eltern mit der Zeugung eines Kindes ihre eigenen Wünsche, und folglich ist die Entscheidung für ein Kind das Ergebnis eines ziemlich egoistischen Akts.

Eines Tages fischte sich mein damals dreizehnjähriger Sohn Demián, meine andere große Liebe, ein Psychologiebuch aus dem Regal und begann darin zu lesen. Irgendwann kam er zu mir und fragte mich:

»Papa, stimmt es, dass Eltern Kinder bekommen, weil sie unzufrieden sind?«

Als Demián mir diese Frage stellte, merkte ich, dass das Buch etwas Richtiges behauptete. Wenn man völlig zufrieden wäre mit seinem Leben und dem, was man hat, wenn man nicht den Wunsch hätte, etwas Bleibendes zu hinterlassen, indem man Kinder bekommt, wenn man nicht den Wunsch hätte, sich als Eltern und als Familie zu verwirklichen, wenn man nicht diesen ganz persönlichen Wunsch hätte … dann bekäme man keine Kinder.

Es ist dieser unerfüllte – anerzogene, kulturell bedingte oder persönliche – Wunsch, der uns dazu motiviert, Kinder zu bekommen.

Es ist *unser* Wunsch und unsere Entscheidung, Kinder zu bekommen, nicht der ihre. Wenn Heranwachsende uns wütend vorwerfen, sie hätten nicht darum gebeten, geboren zu werden, dann klingt das dumm, aber es ist die Wahrheit.

Das Gefühl, eins mit den Kindern zu sein, kann wie gesagt in den ersten Lebensjahren eine positive Funktion haben, aber für die Zukunft der Kinder ist es verhängnisvoll. Denn das Kind nimmt sehr wohl wahr, dass es behandelt wird, als sei es ein Teil des anderen, fühlt sich aber nicht als solches.

Und das ist schwer für uns Eltern.

Wir wollen unsere Kinder aufhalten, würden am liebsten niemals das Band lösen, das sie mit uns verbindet.

Schließlich haben wir Erfahrung, Einfluss, Macht, Geld und vor allem Wissen.

Wir denken nämlich immer, wir wüssten mehr als sie.

»Papa, Papa! Ich war bei Huguito, und der hat sich ordentlich mit seinem Vater in die Wolle gekriegt.«

»Warum haben sie denn gestritten?«

»Huguitos Vater sagt, dass er mehr weiß als Huguito ...«

»Nun, mein Junge ... Huguitos Papa weiß auch mehr als Huguito.«

»Und woher weißt du das? Du kennst Huguitos Papa doch gar nicht.«

»Na ja, er ist der Vater. Und Väter wissen immer mehr als ihre Kinder.«

»Und warum?«

»... Weil er der Vater ist!«

»Was hat das miteinander zu tun?«

»Nun, der Vater hat mehr Lebenserfahrung, er ist belesener und hat mehr gelernt ... Deshalb weiß er mehr als ein Kind.«

»Ah. Und du weißt mehr als ich?«

»Ja.«

»Und alle Eltern wissen mehr als die Kinder?«

»Ja.«

»Und das ist immer so?«

»Ja.«

»Und das wird immer so sein?«

»Ja, mein Sohn. Das wird immer so sein!«

»Und die Mama von Martita weiß mehr als Martita?«

»Ja, mein Junge. Die Mama von Martita weiß mehr als Martita ...«

»Sag mal Papa, wer hat das Telefon erfunden?«

Der Vater sieht seinen Sprössling überlegen an und sagt:

»Das Telefon wurde von Alexander Graham Bell erfunden.«

»Und warum hat es nicht sein Vater erfunden, wenn er mehr wusste?«

Stimmt es denn, dass wir mehr wissen als unsere Kinder?

Manchmal ja, manchmal nein.

Wir bemühen uns im besten Fall, unseren Kindern Fähigkeiten zu vermitteln, so dass sie Probleme lösen können, die sie nie haben werden ... Stattdessen werden sie andere Probleme haben, die wir uns nicht mal vorstellen können!

Wir Eltern werden nicht in der Welt unserer Kinder leben. Wir leben in unserer Welt.

Das, was unsere Eltern uns beibrachten und unsere Großeltern diesen, war durchaus hilfreich, weil die Welt mehr oder weniger gleich blieb. Die Welt, in der meine Ururgroßeltern lebten, unterschied sich nicht wesentlich von der Welt meiner Urgroßeltern.

Das, was mein Ururgroßvater gelernt hatte, war meinem Urgroßvater von Nutzen. Was mein Großvater lernte, half mehr oder weniger auch meinem Vater weiter. Was mein Vater lernte, war auch mir eine ziemliche Hilfe. Doch das, was ich gelernt habe, wird meinem Sohn nicht sonderlich weiterhelfen.

Und vielleicht wird das, was mein Sohn lernt, für meinen Enkel völlig nutzlos sein ...

Es geschehen sehr spannende Dinge in der Welt, in der wir leben.

Oder wie meine Mutter sagt: »Die Kinder werden immer klüger.« Und genauso ist es.

Vor dreißig Jahren galt ein Baby in der Neonatologie als normal entwickelt, wenn es mit acht bis zehn Tagen allein das Köpfchen halten konnte. Heute können dies die meisten Babys von Geburt an.

Die Kinder kommen reifer zur Welt, sie verfügen mit drei Wochen über Reflexe, die sich früher mit zwei, drei Monaten entwickelten. Sie besitzen eine Lernfähigkeit, die wir, als wir vor fünfzig Jahren zur Welt kamen, nicht besaßen, weil es völlig normal war, sie nicht zu besitzen.

Wenn ich mit meinem fünfjährigen Neffen in die Spielhöllen in Mar del Plata gehe, geht er in den Laden und sagt:

»Hey, ein neues Gerät!«

Dann kauft er drei Chips, wirft einen ein, spielt ein bisschen und hat ruck, zuck das Geld verzockt. Ich frage ihn:

»Hast du verloren?«

»Ja. Warte einen Moment.«

Er wirft noch einen Chip ein, und beim dritten weiß er, wie das Spiel funktioniert. Und zwar richtig. Wie hat er das gemacht?

Keine Ahnung.

»Und, wie ist es?«, frage ich ihn.

»Ich bin der bärtige Zwerg da mit der Axt. Wenn ich den Knopf hier drücke, kann ich Blitze schleudern. Ich muss die Prinzessin retten ...«

Ich habe neben ihm gestanden und ihm beim Lernen zugesehen, und ich habe keine Ahnung, wie er das gemacht hat!

Dann spiele ich mit ihm, und er sagt zu mir:

»Du schlägst mich, Alter!«

Keine Chance. So sehr ich mich auch bemühe, ich kapiere es nicht.

Setzen Sie Ihre Kinder vor den Computer, und Sie werden sehen, wie sie binnen zehn Minuten lernen, wofür wir zehn Wochen gebraucht haben.

Naiverweise glauben wir Eltern immer, dass wir besser wissen, was unsere Kinder brauchen und was gut für sie ist.

Manchmal stimmt das, aber nicht immer.

Lernen hat nicht nur mit Förderung zu tun. Auch das von den Eltern an die Kinder weitergegebene genetische Material enthält Lerninformation.

Ein Teil des im Laufe des Lebens erworbenen Wissens wird an die Kinder weitergegeben. Dieses ererbte genetische Material enthält zusätzliche Informationen, die das Kind nicht hatte.

Es ist nun wie ein Zwerg, der auf den Schultern eines Riesen steht. Es ist ein Zwerg, aber es sieht weiter.

Wir haben gelernt, dass es klüger ist, jemandem beizubringen, wie man fischt, als ihm den Fisch einfach aufzutischen. Das gilt heute nicht mehr, es ist antiquiert.

Wenn ich heute einem Kind beibringe, wie man angelt, und ihm eine Angelrute schenke, wird es womöglich verhungern, denn wenn es erwachsen ist, gibt es vielleicht keinen einzigen Fisch mehr, den es mit dieser Angel fangen kann, die ich ihm geschenkt habe.

Dennoch kann ich etwas für es tun. Ich kann ihm vermitteln, dass es in der Lage ist, seine eigene Angelrute, sein eigenes Netz zu schaffen. Ich kann mein Kind dazu ermuntern, seine eigene Angelmethode zu entwickeln. Dafür muss ich mir in aller Bescheidenheit eingestehen, dass es ihm nichts nutzen wird, wenn ich ihm beibringe, wie ich das mit dem Angeln gemacht habe.

Unsere Kinder werden vor Problemen stehen, die wir niemals hatten.

Diese Unfähigkeit der Eltern, ihre Kinder auf die Probleme vorzubereiten, die sie einmal haben werden, ist im 20. Jahrhundert entstanden, und sie ist die Ursache für einen großen Teil der Beziehungsprobleme zwischen Eltern und Kindern.

Zu Beginn des Jahrhunderts gab es noch keine angewandte Psychologie, wohl aber die Pädagogik, die Erziehungswissenschaft.

Auf einem Kongress über Erziehung und Ehe, der 1894 in Frankreich stattfand, sagte einer der Konferenzteilnehmer in seinem Vortrag über die Beziehung von Paaren zu ihren Kindern, dass Eltern im ausgehenden 19. Jahrhundert derart verunsichert seien und so große Zukunftsängste hätten, dass sie dazu neigten, ihre Kinder vor allen Schwierigkeiten zu bewahren. Dies sei eine gefährliche Entwicklung, denn wenn Eltern ihre Kinder vor allen Gefahren bewahrten, würden die Kinder niemals lernen, ihre Probleme selbst zu lösen. Wenn das so weitergehe – so der Pädagoge weiter –, hätten wir gegen Ende des 20. Jahrhunderts jede Menge Erwachsene, die eine wunderbare Kindheit und Jugend hatten, aber ein schwieriges, schreckliches Erwachsenenleben.

Diese Prognose, vor über hundert Jahren gestellt, trifft genau zu.

Wir Eltern in der zweiten Hälfte des 20. Jahrhunderts neigen dazu, übervorsichtig zu sein und unsere Kinder allzu sehr zu behüten, was diese keinesfalls dazu befähigt, ihre Konflikte und Schwierigkeiten zu lösen. Ja, sie haben eine sorglose Kindheit und Jugend, aber das ist nicht notwendigerweise eine große Hilfe, damit sie lernen, ihre Probleme zu lösen.

Doch ungeachtet aller Fehler haben wir über Vierzigjährigen einen Verdienst: Wir haben unseren Kindern erlaubt, aufzubegehren.

Wir selbst sind in einer Familienstruktur aufgewachsen, in der es nicht erlaubt war, aufmüpfig zu sein.

Mein wirklich liebevoller Vater und meine wunderbare Mutter sagten immer: »Sei still, du Rotzlöffel!« Und der althergebrachte Satz, der ihr Verhalten rechtfertigte, lautete: »Solange du deine Füße unter meinen Tisch stellst, tust du, was ich sage.« Meine Kinder hingegen fragten schon, bevor sie auch nur »Papa« sagen konnten: »Warum?«

Sie hinterfragten alles. Und das tun sie noch immer.

Wir haben ihnen dieses Aufbegehren beigebracht.

Dieses Aufbegehren ist der Hauptgrund für den gesellschaftlichen Wandel, die Unsicherheit, aber es gibt den Kindern auch die Möglichkeit, sich von uns zu lösen. Sich unserem Bestreben, ihnen unsere Sichtweise überzustülpen, zu entziehen.

Sie lösen sich durch dieses Aufbegehren, das nicht aus ihnen selbst heraus kommt. Wir haben es ihnen beigebracht.

Das ist unser großer Verdienst. Und das wird die Welt verändern.

Wenn ich als Kind und Jugendlicher aufbegehre und hinterfrage, werde ich mit zwanzig, fünfundzwanzig erkennen, dass ich nicht immer eine Mutter haben werde, die mir zu essen gibt, einen Vater, der mich beschützt, einen Menschen, der für mich entscheidet …

Ich stelle fest, dass mir nichts anderes übrigbleibt, als für mich selbst Sorge zu tragen. Ich stelle fest, dass ich den Ursprung von allem hinter mir lassen muss … mich von meinen Eltern lösen und mein Zuhause verlassen muss, diesen sicheren, geschützten Ort.

Als wir Kinder waren, begann die Adoleszenz mit dreizehn und endete mit zweiundzwanzig. Heute beginnt die Adoleszenz zwischen zehn und zwölf und endet zwischen dem fünfundzwanzigsten und dem siebenundzwanzigsten Lebensjahr. (Die Armen … fünfzehn Jahre Pubertät!)

Das Erwachsenwerden ist in vielerlei Hinsicht eine wunderbare Zeit, aber auch eine leidvolle Phase.

Über das Rätsel der immer länger andauernden Adoleszenz hat jeder Idiot seine eigene Theorie. Ich auch. Also werde ich meine erzählen.

Die Theorie der drei Drittel

Stellen wir uns vor, jeder von uns erhielte ein verwildertes, zugewuchertes Stück Land. Wir haben nur Wasser, Lebensmittel und Werkzeug, aber kein Buch, keinen alten, erfahrenen Menschen, der weiß, was zu tun ist. Man gibt uns Saatgut und Ackergerät und sagt uns: Ihr müsst von dem leben, was die Erde euch gibt.

Was würden wir tun, um uns und unsere Lieben ernähren zu können?

Zuerst würden wir das Land roden, die Erde vorbereiten, sie auflockern und Saatfurchen ziehen.

Dann würden wir säen und abwarten ... Rankhilfen aufstellen, dafür sorgen, dass die kleinen Pflänzchen wachsen, uns um sie kümmern, damit wir irgendwann ernten können.

Nicht anders ist es mit dem menschlichen Leben.

Das menschliche Leben lässt sich in drei Drittel einteilen:

1. *Das erste Drittel: den Boden bereiten*
2. *Das zweite Drittel: Wachstum und Entwicklung*
3. *Das dritte Drittel: die Zeit der Ernte*

Das erste Drittel

»Den Boden bereiten« entspricht der Zeit der Kindheit und Adoleszenz.

In dieser Phase des Lebens geht es darum, den Boden zu bereiten, zu roden, zu düngen, die Erde zu lockern, alles für die Aussaat vorzubereiten.

Was wäre es für ein Fehler, säen zu wollen, bevor man gerodet hat! Wir würden nur Ausschuss erhalten, der zu nichts taugt.

Das zweite Drittel

»Wachstum und Entwicklung« entspricht der Zeit des Erwachsenwerdens.

Nun muss man die Saat ausbringen, sie gießen, hegen und pflegen. Es ist das Drittel der Aussaat, der Entwicklung.

Was wäre es für ein Fehler, nun zu roden und weiter den Boden zu bereiten, wo es doch Zeit zur Aussaat ist!

Was wäre es für ein Fehler, ernten zu wollen, während man noch sät!

Man würde nichts ernten. Man muss alles zu seiner Zeit tun.

Das dritte Drittel

»Die Zeit der Ernte« entspricht dem Erwachsenenalter.

Was wäre es für ein Fehler, während der Erntezeit weiter säen zu wollen! Was wäre es für ein Fehler, zu hegen und zu pflegen, wo es doch ans Ernten geht!

Denn nun ist es an der Zeit, die Früchte zu ernten.

Und wenn man jetzt nicht erntet, wird man es nie tun.

Wie lange dauert jedes dieser Drittel?

Das hängt logischerweise davon ab, wie lange wir leben.

Unsere Vorfahren wurden im Mittel – und mit viel Glück – zwischen fünfunddreißig und vierzig Jahre alt. Folglich waren ein Drittel zwölf Jahre.[5] Zwischen dem zwölften und achtzehnten Lebensjahr war man Heranwachsender, als erwachsen galt man mit fünfundzwanzig.

---

5 Aus diesem Grund finden die Bar Mitzwa der Juden, die Konfirmation bei den Katholiken und die Beschneidung bei den Muslimen zwischen dem zwölften und dreizehnten Lebensjahr statt. Damit endete das erste Lebensdrittel und mit ihm die Kindheit.

Zu Beginn des 20. Jahrhunderts, als unsere Eltern geboren wurden, lag die Lebenserwartung bei sechzig Jahren. Folglich änderte sich die Dauer der Drittel.

Wenn man aufhört, ein Heranwachsender zu sein, sagt man seinen Eltern (zumindest wäre es gut, wenn man es sagte): »Von nun an kümmert euch um euer eigenes Leben, ich kann jetzt für mich selbst sorgen.«

Man muss lernen, für sich selbst zu sorgen, für sich selbst verantwortlich zu sein, selbstbestimmt zu leben. Das meine ich mit Selbstabhängigkeit.

Wenn Kinder sich nicht von ihren Eltern lösen, sondern sich weiter an deren Rockzipfel klammern, statt sich zu trauen, ins kalte Wasser zu springen, sind dafür zum Teil die Eltern verantwortlich, die es ihnen nicht beigebracht haben, aber auch die Kinder selbst.

Die Eltern werden diesen Kindern – wenn auch spät – beibringen müssen, dass sie loslassen müssen, dass sie nicht für immer da sein werden.

Mit großer Liebe und viel Zärtlichkeit sollten diese Eltern die Tür öffnen … und ihnen einen Tritt in den Hintern geben.

Denn irgendwann müssen Eltern lernen, das zu tun, falls die Kinder es nicht von selbst tun.

Für gewöhnlich verstehen die Kinder und gehen von allein … Aber sollten sie es bedauerlicherweise nicht tun, ist es zu ihrem und unserem Besten, ihnen einen Schubs zu geben, damit sie sich aus dieser Abhängigkeit lösen.

Ich bin es leid, hochbetagte Eltern zu sehen, die ein Leben lang gespart haben, um im Alter eine Absicherung zu haben, und die nun ihren Notgroschen ihren nichtsnutzigen Kindern in den Rachen werfen, die dann ihrerseits auch noch Ansprüche geltend machen:

»Du musst mir helfen, du bist schließlich mein Vater …«

»Du muss alles verkaufen, schließlich gehört das alles auch mir ...«

Es wird Zeit, dass Eltern die Grenzen dieser Ansprüche erkennen.

Hin und wieder kann man seinen Kindern helfen, weil man es möchte. Das ist sehr gut. Aber wir müssen uns darüber im Klaren sein, dass unsere Verpflichtung hier endet.

Wie wichtig wäre es, unseren Kindern dabei zu helfen, Freiräume für sich zu finden.

Wie wichtig wäre es, ihnen zu helfen, bis sie erwachsen sind, und dann ...

U. T.

Was heißt das, U. T.?

Und tschüss.

Und wenn sie nicht gelernt haben, mit dem hauszuhalten, was man ihnen mitgegeben hat, wenn es ihnen nicht gelingt, mit dem zu leben, was sie bekommen haben, wenn sie nicht wissen, wie die Kohle verdienen, die sie haben wollen, dann sagt ihnen, sie können sich jeden Morgen ein belegtes Brot abholen kommen ...

Eine fortwährende Abhängigkeit zu schaffen, ist eine unheilvolle Sache.

Ich finde, irgendwann ist der Moment gekommen, den Kindern die Verantwortung für ihr eigenes Leben zurückzugeben. Danach sollte man sich raushalten; man kann helfen, wenn man das möchte, soweit man es möchte und solange es angebracht ist, zu helfen.

Manchmal erscheint es unangebracht, in dem Maße zu helfen, wie man es könnte, und zwar dann, wenn man das eigene Leben ruiniert, um den Kindern zu helfen.

Ich finde das nicht richtig.

Ich wüsste gerne, dass meine Kinder allein zurechtkommen, wenn ich nicht mehr da bin. Es würde mich froh machen. Und deshalb möchte ich, dass sie es tun, bevor ich sterbe: Ich möchte es sehen. Damit ich ruhig sterben kann in dem Gefühl, meine Aufgabe erfüllt zu haben.

Bei einem Stadtbummel entdeckte ich einmal in einem Antiquariat (einem dieser Läden, die alte, gebrauchte, nicht zu Ende gelesene Bücher verkaufen) ein Buch mit dem Titel *Spielend wachsen*, geschrieben von einer Schriftstellerin aus Mar del Plata, die Inés Barredo heißt. Ich kaufte es, nachdem ich die ersten beiden Seiten gelesen hatte, die ich spektakulär fand (den Rest des Buches fand ich, ehrlich gesagt, nicht ganz so spektakulär, aber diese ersten Seiten haben mich geprägt). Es ging darum, dass man sich darauf vorbereitet, dass etwas geschieht, und dann geschieht es genau in dem Moment.

Das Buch begann ungefähr so:

Als ich neun Jahr alt wurde, beschäftigte mich die Frage, wie sich mein Körper wohl vom achten zum neunten Lebensjahr verändern würde. An meinem Geburtstag lief ich gleich nach dem Aufstehen zum Spiegel, um zu schauen, wie ich mich verändert hatte. Zu meiner großen Überraschung hatte sich gar nichts verändert. Es war eine Riesenenttäuschung. Ich ging zu meiner Mutter und fragte sie, um wie viel Uhr ich geboren wurde, und sie sagte mir, ich sei um zwanzig nach vier auf die Welt gekommen. Also stand ich zwischen vier und fünf wie angewurzelt vor dem Spiegel, um zu sehen, wie sich der Wechsel vom achten zum neunten Lebensjahr vollzog. Aber nichts geschah. Daraufhin kam ich zu dem Schluss, dass vielleicht gar keine Veränderung zwischen dem achten und neunten Lebensjahr stattfand; vielleicht kam er erst zwischen dem neunten und dem zehnten Lebensjahr. Ich wartete also gespannt ein weiteres Jahr ab. In der Nacht zu meinem zehnten Geburtstag blieb ich wach; ich tat kein Auge zu, sondern blieb vor dem Spiegel stehen, bis es Morgen wurde. Aber ich be-

merkte nichts. Ich begann zu glauben, dass man vielleicht gar nicht wuchs und dass alles nur eine Lüge war ... Aber ich hatte doch die Fotos von meiner Mutter gesehen, als sie ein kleines Mädchen war, und das hieß, dass sie einmal genauso klein gewesen war wie ich und irgendwann erwachsen geworden war. Ich konnte mir nicht erklären, wann diese Veränderung stattfinden sollte, bis ich eines Tages hinter das Geheimnis kam: Mit neun Jahren war ich ja gleichzeitig immer noch acht. Mit zehn Jahren war ich immer noch neun. Mit fünfzehn sind wir immer noch vierzehn, zwölf, elf, zehn, neun, acht, fünf ... Und wenn wir siebzig werden, sind wir immer noch fünfundsechzig, vierzig, zwölf, fünf, drei, ein Jahr alt.

Wie sollten wir uns nicht zuweilen wie jene verhalten, die wir einmal waren, wenn wir sie nach wie vor in uns tragen?

Wir bleiben die Jugendlichen, die Kinder, die Babys, die wir waren.

In uns ist immer noch das Kind, das wir einmal waren. Aber:

Dieses Kind kann uns abhängig machen.

Dieses Kind kommt zum Vorschein und bemächtigt sich meiner Persönlichkeit:

Weil ich Angst habe,

weil mir etwas widerfährt,

weil mich eine Sorge umtreibt,

weil ich mich fürchte,

weil ich mich verloren habe,

weil ich mein Leben aus den Augen verloren habe ...

Wenn das geschieht, gibt es nur eine Lösung: Jemand, ein Erwachsener, muss sich um mich kümmern. Deshalb glaube ich nicht an Unabhängigkeit.

Weil ich dieses Kind nicht verleugnen kann, das in mir lebt.

Weil ich nicht glaube, dass dieses Kind sich um sich selbst kümmern kann.

Wohl aber glaube ich, dass es, wenn wir erwachsen sind, auch einen Erwachsenen in uns gibt.

Er, und kein anderer Erwachsener, wird sich um das Kind in mir kümmern.

Das bedeutet Selbstabhängigkeit.

3

Bedeutung

Über die Selbstabhängigkeit

Was ist das, Selbstabhängigkeit?

Stellen wir uns vor, ich möchte, dass Fernando mir zuhört, mich in den Arm nimmt, bei mir ist, weil ich mir selbst heute nicht genüge.

Aber Fernando mag nicht. Fernando mag mich nicht.

Statt nun zu heulen und die Situation zu manipulieren, um doch noch zu bekommen, was er mir nicht geben will, oder einen Ersatz zu suchen (indem ich dafür sorge, dass er mich braucht, dass er Mitleid mit mir hat, dass er mich hasst oder fürchtet), könnte ich vielleicht María Inés fragen, ob sie mir Gesellschaft leisten will.

Ich genüge mir selbst nicht, aber ich bin auch nicht von Fernando abhängig, sondern von mir. Ich weiß, was ich brauche, und wenn er nicht will, dann vielleicht María Inés …

Das ist Selbstabhängigkeit. Zu wissen, dass ich die anderen brauche und dass ich mir selbst nicht genüge. Aber gleichzeitig zu wissen, dass ich dieses Bedürfnis in mir tragen kann, bis ich finde, was ich suche: diese Beziehung, diese Unterstützung, diese Liebe …

Und wenn Fernando mir nicht geben kann, was ich brauche, und María Inés auch nicht, dann kann ich weitersuchen, bis ich es finde.

Egal wo?

Ja, egal wo.

Selbstabhängigkeit bedeutet, mir darüber im Klaren zu sein, dass ich nicht allmächtig bin. Um meine Verletzlichkeit zu wissen und Sorge für mich selbst zu tragen.

Ich bin der Dirigent dieses Orchesters, auch wenn ich nicht alle Instrumente spielen kann. Dass ich nicht alle Instrumente beherrsche, heißt aber nicht, dass ich den Taktstock abgebe.

Ich bin der Hauptdarsteller meines eigenen Lebens. Aber Vorsicht:

Ich bin nicht der einzige Schauspieler – wäre ich es, mein Film wäre sterbenslangweilig.

Ich bin der Hauptdarsteller, der Regisseur, derjenige, der letztlich alle Entscheidungen trifft, aber ich genüge mir selbst nicht.

Ich kann kein unabhängiges Leben aufbauen, weil ich mir selbst nicht genüge.

Es geht darum, die Verantwortung für mich selbst zu übernehmen, Sorge für mich zu tragen, Herr über mein eigenes Leben zu werden.

Selbstabhängigkeit bedeutet, dass ich aufhöre, mich anderen an den Hals zu werfen. Mag sein, dass ich irgendwann deine Hilfe brauche, doch solange *ich* den Schlüssel in der Hand halte, bin ich niemals eingesperrt, ganz gleich, ob die Tür offen oder verschlossen ist.

Und dann schiebe ich alles beiseite, was mich nicht weiterbringt (die Tür ist abgeschlossen, Fernando ist in Buenos Aires, mein Nebendarsteller will diese Szene nicht abdrehen), und fange an, die Selbstabhängigkeit für mich zu entdecken.

Das heißt, ich weiß um meine Abhängigkeit, bin aber selbst für diese Abhängigkeit verantwortlich.

Selbstabhängigkeit ist für mich dasselbe wie geistige Gesundheit.

Ich brauche zum Beispiel Anerkennung von außen.

Wir alle brauchen Anerkennung.

Aber als ich fünf Jahre alt war, war meine Mutter die einzige Person, die mir diese Anerkennung geben konnte. Es gab niemanden, der sie ersetzen konnte.

Als ich dann erwachsen war, merkte ich, dass, wenn sie nicht da war, auch eine andere Person mir Anerkennung geben konnte.

Es kann vorkommen, dass manches von dem, was ich denke oder mag, meiner Frau, mit der ich seit siebenundzwanzig Jahren zusammenlebe, nicht gefällt …

Aber nur, weil es ihr nicht gefällt, muss ich damit nicht aufhören.

Vielleicht finden andere es gut.

Vielleicht kann ich diese Dinge mit einer anderen Person teilen.

Vielleicht kann ich akzeptieren, dass es genügt, wenn sie mir gefallen.

Der Umstand, dass ich mit der Literatur des Magischen Realismus überhaupt nichts anfangen kann, heißt nicht, dass meine Frau aufhören muss, ihren Lieblingsautor zu lesen.

Schlimmstenfalls muss sie sich jemand anderen suchen, wenn sie sich über die Autoren unterhalten will, die sie interessieren, und ich das Thema schrecklich finde,

Sie kann sich mit wem auch immer Filme von Richard Gere ansehen, wenn ich mich nicht für Richard Gere interessiere.

Sie braucht sich nicht damit zu quälen, mich in die Oper zu begleiten, wenn sie keine Opern mag; ich kann schließlich auch allein gehen oder Miguel oder Lita einladen, von denen ich weiß, dass sie die Oper lieben.

Das heißt es, selbstabhängig zu sein.

Selbstabhängigkeit bedeutet, Antworten auf die drei grundlegenden Fragen zu finden:

Wer bin ich? Wohin gehe ich? Und mit wem?

Aber man muss sie *der Reihe nach* beantworten.

Gefährlich wird es, wenn die Entscheidung, wohin ich gehe, davon abhängt, mit wem ich zusammen bin. Wenn mein Selbstbild davon abhängig ist, wer mich begleitet.

Wir werden auf diesem Weg der Geschichte jenes Paares begegnen, das auf einer dieser »Acht Länder in zehn Tagen«-Touren durch Europa unterwegs ist. Als sie in einer malerischen Stadt an eine Brücke kommen, fragt sie:

»Was ist das für eine Stadt, Liebling?«

Und er fragt zurück:

»Was für ein Tag ist heute?«

Sie sagt:

»Dienstag.«

Er zählt an den Fingern ab und stellt fest:

»Dann ist es Brüssel.«

Mit dieser Methode kommen wir nicht weiter.

Ich kann meinen Weg nicht über den deinen bestimmen, und ich sollte auch mich selbst nicht über den Weg bestimmen, den ich gehe.

Ich muss mir zunächst einmal darüber klarwerden, wer ich bin.

Ich pflege immer zu sagen, dass die Beantwortung dieser Frage den Unterschied zwischen einem Menschen, einem Individuum und einer Persönlichkeit ausmacht.

Denn das sind drei ganz unterschiedliche Begriffe.

Wenn wir geboren werden, sind wir alle Menschen, wir sind Angehörige der Gattung Mensch und als solche alle gleich. Mit zunehmendem Alter tritt dann zutage, was wir an genetischer Information in uns tragen: unsere äußerlichen Merkmale, unsere Stärken und Schwächen und unsere Art und Weise, das Leben anzugehen, das heißt, unser Temperament.[6]

Dieses Temperament, das am Anfang mit dem Millionen anderer identisch oder diesem ähnlich ist, macht mit wachsender Lebenserfahrung aufgrund unserer persönlichen Geschichte das Individuum aus uns, das jeder von uns einmal wird.

Individuum heißt »ungeteilt«; gemeint ist die Einheit, die jeder von uns ist. Aber es bedeutet auch einzigartig, im Sinne von besonders.

Menschen sind wir alle »von Geburts wegen«, und als Menschen haben wir bestimmte charakteristische Gemeinsamkeiten: ein Herz mit zwei Herzkammern, zwei Vorkammern, ein Gehirn usw. Aber als Individuen gibt es Besonderheiten, die nur zu uns gehören.

Erwachsenwerden heißt, dass ich dieses Zusammenspiel aus Temperament und realen Gegebenheiten erkenne, das dazu beiträgt, dass aus mir ein Individuum wird.

Wir werden uns unserer Unterschiedlichkeit bewusst und hören auf, allen anderen zu gleichen.

Wer mehr als ein Kind hat, weiß, dass jedes Kind sein eigenes Wesen besitzt und dass irgendwann der Moment kommt, da es seine eigene Individualität entdeckt. Es weiß nun, was »Ich« bedeutet und dass sich dieses »Ich« von anderen unterscheidet. Es weiß, dass der Bruder auf dem Karussell das Pferdchen bevorzugt und es den Helikopter; dass es auf Reisen lieber am Fenster sitzt und der Bruder sich immer für den Mit-

---

6 Nach dem aktuellen Stand der Wissenschaft, den Erkenntnissen über das menschliche Genom und der Entwicklung der neuen Wissenschaft der Neuro-Immunendokrinologie steht es praktisch außer Frage, dass jeder Mensch von Geburt an ein bestimmtes Temperament in sich trägt, das an den Rest der genetischen Information gekoppelt ist: Haarfarbe, Hautfarbe, Geschlecht usw. Das Temperament ist also nichts, was man sich aussucht; es ist angeboren.

telplatz entscheidet. Es beginnt sich zu unterscheiden, indem es sich von der Umgebung abgrenzt.

Diesen sich unterscheidenden, sich von den anderen abgrenzenden Mensch nennt man Individuum. Aber es genügt nicht, ein Individuum zu sein, um eine Persönlichkeit zu werden.

Eine Persönlichkeit zu sein ist noch mehr. Fast alle Menschen, die ich kenne, sind Individuen, aber nur wenige Persönlichkeiten. Um eine Persönlichkeit zu sein, muss man notwendigerweise einen Prozess durchleben und durchleiden.

Der Prozess der Persönlichkeitsentwicklung, wie Carl Rogers ihn nannte[7], ist schmerzhaft; er bedeutet, auf manches zu verzichten, einiges zu lernen und sehr viel persönliche Arbeit.

Um selbstabhängig zu sein, muss ich mich als Mittelpunkt all dessen begreifen, was mir passiert.

Selbstabhängigkeit ist etwas, das manchmal mit einer gewissen Undankbarkeit einhergeht.

Denn selbstabhängige Menschen sind nicht manipulierbar. Und Menschen, die sich nicht manipulieren lassen, sind nirgendwo gern gesehen.

Wir denken gerne solche Sachen wie:

»Das kannst du doch nicht machen!«

»Das kannst du doch nicht zu mir sagen!«

Und ich sage:

Warum nicht?

Ich arbeite den ganzen Tag in meiner Praxis mit Menschen zusammen. Es gibt Leute, die klagen bei mir über andere und sagen:

»Er kann doch nicht so ein Arschloch sein!«

7 Carl Rogers, *Entwicklung der Persönlichkeit*, Klett-Cotta 2014.

Meine Antwort darauf lautet:

»Warum kann er das nicht? Er kann ein Arschloch sein oder sogar ein Riesenarschloch … Warum kann er das nicht? Er kann ein so großes Arschloch sein, wie er möchte. Es ist seine Entscheidung.«

Es liegt an dir, dich vor dieser schlechten Person zu schützen. Es ist deine Aufgabe, nicht seine.

»Aber das kann er doch einfach nicht machen!«

Doch, kann er.

»Das darf er doch nicht …«

Warum darf er das nicht? Wer bestimmt das?

Es liegt in deiner Verantwortung. Wir können nicht ständig anderen die Schuld geben. Wir können nicht länger an etwas glauben, das nicht mal mehr in der Erziehung als Vorbild taugt.

Das ist es, was ich mit dem Wort »Selbstabhängigkeit« meine:

Ich kann dich um Hilfe bitten, aber ich bin allein von mir selbst abhängig.

Ich bin von meinen erwachsenen Anteilen abhängig, damit sie sich um das innere Kind kümmern, das ich immer noch bin. Ich bin von meinen reifen Anteilen abhängig, damit sie sich um meine unreifen Anteile kümmern können.

Ich bin davon abhängig, mich um mich zu kümmern.

Ich bin davon abhängig, dass ich es schaffe, von dem Erwachsenen, der ich bin, abhängig zu sein, ohne Angst davor zu haben, dass er mich im Stich lässt.

Menschen, die leiden, haben sich selbst im Stich gelassen. Sie haben ihre erwachsenen Anteile verloren, und so irrt ihr inneres Kind umher, ohne dass ihm jemand den Weg weist. Stattdessen suchen sie überall nach Hilfe, oder vielmehr: nach äußerer Abhängigkeit.

Aber dieser Prozess lässt sich jederzeit rückgängig machen. Jederzeit.

Ich muss mir darüber klarwerden, dass es in mir einen Erwachsenen gibt, dessen Aufgabe es ist, sich um das innere Kind in mir zu kümmern. Erst wenn ich mich auf mich selbst besinne, wenn ich weiß, dass ich mich um meine abhängigen Anteile kümmern muss, erst dann kann ich mich auf die Suche nach dem Anderen machen.

Um dir zu helfen, dich um etwas bitten, dir etwas bieten zu können. Um dir geben zu können, was ich dir zu geben habe, und um annehmen zu können, was du mir zu geben hast, muss ich zunächst an diesen Punkt gelangen, den Punkt der Selbstabhängigkeit.

Und wenn ich mich auf mich selbst besinne, werde ich das eine oder andere Zugeständnis an mich machen müssen, um eine Persönlichkeit zu sein. Und damit meine ich an mich, an dich, an uns selbst. Wir reden hier nicht über den Kerl, der einen Fehler begangen hat und im Gefängnis sitzt, über die arme Frau, die bewusstlos im Krankenhaus liegt, oder über den Mann, der an einer tödlichen Krankheit leidet ... Wir reden hier über uns. Von den Zugeständnissen, die Virginia Satir als unverzichtbar für die Herausbildung der Persönlichkeit bezeichnet.[8]

1. Ich gestehe mir selbst das Recht zu, der zu sein, der ich bin, statt darauf zu warten, dass ein anderer darüber bestimmt, wer oder wie ich zu sein habe.
2. Ich gestehe mir selbst das Recht zu, zu empfinden, was ich empfinde, statt zu empfinden, was andere an meiner Stelle empfinden würden.
3. Ich gestehe mir selbst das Recht zu, zu denken, was ich denke, und auch das Recht, meine Meinung zu äußern,

8 Virginia Satir, *Mein Weg zu dir – Kontakt finden und Vertrauen gewinnen*, Kösel 2001.

wenn ich das möchte, oder sie für mich zu behalten, wenn ich es für richtig halte.

4. Ich gestehe mir selbst das Recht zu, die Risiken einzugehen, die ich eingehen möchte, unter der einzigen Bedingung, dass ich bereit bin, den Preis dafür zu bezahlen.

5. Ich gestehe mir selbst das Recht zu, nach dem zu suchen, was ich im Leben zu brauchen glaube, statt abzuwarten, dass ein anderer mir die Erlaubnis gibt, es zu bekommen.

Diese fünf Zugeständnisse sind die Voraussetzung für die Herausbildung einer eigenen Persönlichkeit. Und die Herausbildung einer eigenen Persönlichkeit ist der einzige Weg zu einem selbstabhängigen, selbstbestimmten Leben.

Denn diese fünf Zugeständnisse erlauben mir letztlich, wirklich der zu sein, der ich bin.

Das erste besagt, dass ich mir als Persönlichkeit selbst die Freiheit zugestehen muss, der zu sein, der ich bin. Was bedeutet das? Dass ich nicht länger von mir verlange, so zu sein, wie andere mich haben wollen: mein Chef, meine Frau, meine Freunde oder meine Kinder. Eine Persönlichkeit zu sein heißt, mir selbst die Freiheit zuzugestehen, ich selbst zu sein.

Möglicherweise gefällt es vielen nicht, dass ich bin, wie ich bin; möglicherweise sind andere böse auf mich, wenn sie entdecken, dass ich bin, wie ich bin – und mir die Freiheit zugestehe, genau so zu sein.

Wir alle können Persönlichkeiten werden, aber wenn wir nicht mit diesem Zugeständnis anfangen, kommen wir nicht weit; dann bleiben wir Individuen unter vielen anderen, die sich anders fühlen, aber dem Club derer angehören, die sich nicht das Recht zugestehen, zu sein, wie sie sind, und gehorchen. Die versuchen, so zu sein wie die anderen.

Wenn man keine eigene Persönlichkeit entwickelt, so hat das unabsehbare Folgen. Wenn ich als junges Mädchen zum

Beispiel unbedingt so sein will wie die anderen, dann werden diese mir weismachen, dass ich, um akzeptiert zu werden, groß und spindeldürr wie ein Model sein muss und bestimmte Kleider zu tragen habe. Erkenne ich dann nicht, dass ich die Freiheit habe, so zu sein, wie ich bin, höre ich vielleicht auf zu essen und werde magersüchtig. Die Magersucht ist der Versuch, einer Person zu gleichen, die andere mir auferlegen. Es ist das Gefühl, dass ich keine Persönlichkeit bin, wenn ich nicht fünfundvierzig Kilo wiege und mir bestimmte Kleider nicht passen. Das ist ein schreckliches Beispiel dafür, was vielen Mädchen passiert, die wir tagtäglich sehen, im Fernsehen, in den Zeitungen und manchmal in den Todesanzeigen. Denn diese Mädchen sterben tatsächlich bei dem Versuch, so zu werden wie ein bekanntes Model.

Weniger grausam und brutal sind all die Dinge, die wir tun, um bestimmten Vorbildern zu entsprechen. Wir zwingen uns, jemand zu sein, der wir gar nicht sind, begeben uns an Orte, an denen wir nicht sein wollen. Wir gestehen uns nicht die Freiheit zu, dort zu sein, wo wir sein wollen. Der zu sein, der wir sein wollen.

Das Wort *Person*, von dem sich der Begriff der Persönlichkeit ableitet, geht auf das griechische Theater zurück und bezeichnet den Schauspieler, der sich hinter der Maske verbirgt. Es handelt sich um eine Ableitung von *per-sonare*, durchtönen; gemeint ist derjenige, der durch die Maske spricht und den Rollen, die wir spielen, eine Stimme gibt. Der tatsächliche Mensch hinter der äußeren Person.

Selbstabhängig zu sein bedeutet, authentisch zu sein. Wirklich der zu sein, der ich bin, wirklich zu handeln, wie ich handle, wirklich zu fühlen, wie ich fühle, die Risiken einzugehen, die ich wirklich eingehen will, für all das die Verantwortung zu übernehmen und natürlich, mich auf die Suche nach dem zu machen, von dem ich glaube, dass ich es

wirklich brauche, statt zu erwarten, dass andere das übernehmen.

Es heißt keinesfalls, dass andere Risiken eingehen, um das
zu tun, was ich möchte.

Es heißt keinesfalls, Risiken einzugehen, von denen andere
wollen, dass ich sie eingehe.

Es heißt nicht, Verantwortung abzugeben.

Das alles entscheidet darüber, ob ich eine Persönlichkeit
bin oder nicht. Andernfalls ist diese Persönlichkeit möglicherweise nur aufgesetzt, und man spielt weiterhin nur eine
Rolle.

Doch Vorsicht: Keines dieser Zugeständnisse gesteht mir
das Recht zu, dass ein anderer so ist, wie ich es möchte, dass
er fühlt, was ich fühle, dass er denkt, was mir gefällt, dass er
kein Risiko eingeht, weil ich das nicht will, und auch nicht das
Recht, dass ein anderer mich um Erlaubnis bittet, um das zu
bekommen, was er braucht.

Diese Zugeständnisse dürfen nicht mit dem Wunsch einhergehen, dass der andere keine Persönlichkeit ist, und nicht
mit der Absicht, den anderen zum Sklaven zu machen. Denn
meine Selbstabhängigkeit verpflichtet mich dazu, auch deine
Selbstbestimmung und die aller anderen zu respektieren.

Was passiert mit uns, wenn wir glauben, der geliebte
Mensch müsse so sein, wie wir es uns vorstellen? Wenn wir
glauben, der andere müsse für mich empfinden, was ich für
ihn empfinde, müsse so oft an mich denken wie ich an ihn, er
dürfe keine Risiken eingehen, die die Beziehung gefährden,
und müsse mich um alles bitten, was er möchte, damit ich es
ihm geben kann?

Das ist unsere Vorstellung von Liebe, aber diese verskla-
vende, kleinmütige, grausame Liebe ist keine Liebe zwischen
erwachsenen Menschen.

Die Liebe zwischen Erwachsenen überträgt diese Selbstabhängigkeit, so wie ich sie hier beschreibe, auch auf den anderen.

Die Liebe gesteht zu, sie treibt voran, sie unterstützt, dass sich die von mir geliebten Menschen ebenfalls Räume von immer größerer Unabhängigkeit erschließen.

Das ist wahre Liebe. Diese Liebe, die nicht mir gilt, sondern dir, eine Liebe, die Freude darüber ist, dass es dich gibt.

Warum suchen manche Menschen die Abhängigkeit?

Vielleicht fühlen sie sich schwach und denken, wenn ein Stärkerer sie unter seine Fittiche nimmt, seien sie geschützt.

Vielleicht wollen sie den anderen die Schuld geben können.

Vielleicht glauben sie tatsächlich, dass sie um Erlaubnis bitten müssen. Sie machen sich weder etwas vor, noch fehlt es ihnen an Mut, noch sind sie krank. Es ist schlicht und einfach so, dass sie noch keine Persönlichkeiten sind. Es ist eine Frage der Entwicklung.

Vielleicht sind sie keine Persönlichkeiten, weil ihnen die Vorstellung Angst macht. Vielleicht hat man es ihnen nicht beigebracht.

Vielleicht wurden sie von jemandem unterdrückt. Und vielleicht wissen sie schlicht und einfach nichts von all dem, was ich hier erzähle.

Wer sich aus Angst vor Zurückweisung nicht traut, er selbst zu sein, wer sich nicht traut, zu fühlen, was er fühlt, weil es ihm schlecht erscheint, wer sich nicht traut, zu denken und zu sagen, was er denkt, weil er Angst hat, abgelehnt zu werden, wer keine Risiken eingeht, weil er die Verantwortung nicht übernehmen will, wer sich nicht auf die Suche nach dem macht, was er braucht, sondern einen anderen darum bittet, der wird keine Persönlichkeit werden.

Das ist kein Vorwurf; es gibt keine Verpflichtung, eine Persönlichkeit zu sein. Ich meine lediglich, um ein erwachsener, reifer Mensch zu sein, muss man eine Persönlichkeit sein.

Wer reif ist, ist für mich eine Persönlichkeit.

Eine Persönlichkeit ist immer reif; ist sie noch unreif, ist der Prozess der Persönlichkeitsbildung noch nicht abgeschlossen.

Und das ist kein Vorwurf, denn der Prozess der Persönlichkeitsfindung ist erst mit dem Tag abgeschlossen, an dem man stirbt. Bis dahin kann man immer weiter wachsen und sich seiner selbst mehr und mehr bewusst werden.

Ich lebe und lerne, ich lebe und reife, ich lebe und wachse.

Ein Mensch auf dem Weg zur eigenen Persönlichkeit kann unglaublich erfolgreich, anerkannt, umjubelt, wertgeschätzt, beliebt sein; er kann all das sein und doch keine Persönlichkeit sein.

In Indien gibt es eine eigene Sichtweise auf den sich wandelnden Menschen, wie sie zum Beispiel Osho oder Krishnamurti vertreten. Für sie ist der Mensch ein Gott in der Entfaltung, eine noch unreife Frucht, die im reifen Zustand ein Gott sein wird. Dieses poetische Bild würde ich so übersetzen: Wenn der Mensch heranreift, wird er zur Persönlichkeit.

Wenn man dabei auf die »Rückendeckung« hilfreicher Eltern zählen kann, hat dies den Vorteil, dass man von klein auf konstruktive Botschaften hört wie:

»Du kannst sein, wer du bist.«

»Du kannst denken, was du denkst.«

»Du kannst fühlen, was du fühlst.«

»Du kannst deine eigenen Risiken eingehen.«

»Du solltest selbst herausfinden, was du brauchst, denn nur so wirst du erwachsen werden und selbstbestimmt leben.«

Diese Privilegierten haben ein gutes Sprungbrett ins Leben.

Natürlich hat nicht jeder dieses Glück.

Alle anderen sind darauf angewiesen, dass jemand anders ihnen den Weg weist.

Ich habe schon einige Menschen gesehen, bei denen aufgrund einer besonderen Situation eine plötzliche, tiefgreifende Erkenntnis einsetzte.

Ihnen werden auf einmal die Augen geöffnet, aber nicht durch Worte anderer, sondern durch einen Identifikationsprozess: Etwas, das wir gesehen oder erlebt haben, bringt uns dazu, uns über einiges klarzuwerden.

Wir erfahren zum Beispiel mit fünfundvierzig Jahren, dass ein gleichaltriger Freund gestorben ist. Wir schauen uns an und sagen uns: Was hat das zu bedeuten? Und wir beginnen uns einiges zu fragen: Wie leben wir? Wie nutzen wir unsere Zeit? Genießen wir das Leben? Fühlen wir uns von etwas oder jemandem unterdrückt? Hat unser Leben einen Sinn?

Oder wir sehen einen Film und finden plötzlich unsere Realität in der Fiktion abgebildet. Uns wird schlagartig bewusst, was mit uns los ist, und wir stellen uns unserem eigenen Entwicklungsprozess.

Wir erkennen, dass es keine Situation gibt, in der man keine Wahl hätte. Uns wird klar, dass wir immer eine Wahl treffen, selbst dann, wenn wir glauben, nicht zu wählen, im alltäglichen Leben, dem täglichen Einerlei.

Es ist eine Lüge, wenn wir sagen:

»Ich hatte keine andere Wahl …«

»Ich kann nichts dafür …«

»Ich hatte keine andere Möglichkeit …«

Eine dreiste Lüge. Wir haben nämlich ständig die Wahl.

In unserem alltäglichen Leben entscheiden wir über nahezu alles, was wir tun oder lassen.

Dass wir Einfluss auf unser eigenes Leben haben, ist nicht nur möglich. Es ist unvermeidlich.

Wir sind zwangsläufig Mittäter bei allem, was uns widerfährt, weil wir uns auf die eine oder andere Weise dafür entschieden haben.

»Na ja … Aber ich muss jeden Tag zur Arbeit gehen … Mir bleibt gar nichts anderes übrig … Selbst wenn ich nicht will und mich nicht dafür entscheide, muss ich doch hingehen. Ich kann mir einfach nicht erlauben, morgen nicht zu arbeiten.«

Doch. Wenn ich bereit bin, den Preis dafür zu zahlen.

Ein Mann irrt verzweifelt durch die Wüste. Er hat soeben den letzten Tropfen Wasser aus seinem Wasserschlauch getrunken. Die glutheiße Sonne und die Geier, die über ihm kreisen, künden vom bevorstehenden Ende.

»Wasser!«, schreit er. »Wasser! Ein bisschen Wasser!«

Da sieht er einen Beduinen auf einem Kamel näher kommen. Er hält genau auf ihn zu.

»Gott sei Dank!«, ruft er aus. »Wasser, bitte … Wasser!«

»Ich kann dir kein Wasser geben«, sagt der Beduine. »Ich bin Händler und brauche das Wasser, um durch die Wüste zu reisen.«

»Dann verkauf mir Wasser«, fleht ihn der Mann an. »Ich zahle dafür …«

»Unmöglich, Effendi. Ich verkaufe kein Wasser, ich verkaufe Krawatten.«

»Krawatten???«

»Ja, sehen Sie nur, wundervolle Krawatten … Diese hier sind aus Italien, sie sind im Angebot, drei für zehn Dollar … Und diese hier sind aus indischer Seide, die halten ein Leben lang … Diese hier …«

»Nein, nein! Ich will keine Krawatten, ich will Wasser … Verschwinde! Hau ab!«

Der Händler zieht seines Wegs, und der Durstige irrt ziellos durch die Wüste.

Als er eine Sanddüne erklimmt, sieht er einen weiteren Händler herannahen. Er taumelt ihm entgegen und sagt:

»Bitte verkauf mir ein bisschen Wasser …«

»Kein Wasser«, antwortet der Händler. »Aber ich kann dir die besten Krawatten von ganz Arabien anbieten ...«

»Krawatten!!! Ich will keine Krawatten! Ich will Wasser!«, schreit der Mann verzweifelt.

»Wir haben gerade ein Angebot«, fährt der andere unbeirrt fort. »Beim Kauf von zehn Krawatten bekommst du eine umsonst.«

»Ich will keine Krawatten!!!«

»Die Zahlung ist in drei zinslosen Raten und per Kreditkarte möglich. Hast du eine Kreditkarte?«

Tobend vor Wut setzt der Dürstende seinen ziellosen Weg fort.

Einige Stunden später, er schleppt sich nur noch dahin, besteigt der Reisende eine hohe Düne und sucht von dort den Horizont ab.

Er traut seinen Augen nicht. Vor sich, kaum tausend Meter entfernt, sieht er klar und deutlich eine Oase. Palmen und ein unglaubliches Grün säumen das blau spiegelnde Wasser.

Voller Angst, es könne sich um eine Fata Morgana handeln, läuft der Mann darauf zu. Aber es ist wirkliche eine Oase.

Der Ort ist gepflegt und wird von einem Zaun geschützt. In diesem gibt es nur einen einzigen, von einem Wächter bewachten Durchlass.

»Bitte lass mich durch. Ich brauche Wasser ... Wasser, bitte ...«

»Tut mir leid, mein Herr. Eintritt nur mit Krawatte.«

Ob du es im Vorhinein weißt oder nicht, es gibt immer einen Preis zu zahlen.

»Ja, schon, aber wenn ich den Preis zahle, haben meine Kinder morgen nichts zu essen.«

Gut, dann ist das der Preis. Dann entscheide ich mich zu arbeiten. Ich entscheide mich, weiterzuarbeiten und meine

Arbeit zu behalten, und ich entscheide mich, meine Kinder zu ernähren. Und ich halte diese Entscheidung für gut. Aber es ist meine Entscheidung. Ich bin es, der diesen Entschluss trifft. Nach meinen Wertvorstellungen ist es wichtiger, meine Kinder zu versorgen, als meinem Wunsch nachzugeben, faul im Bett zu liegen. Und ich finde das gut. Es ist meine Entscheidung. Und eben weil es meine Entscheidung ist, ist sie anerkennenswert.

Wenn ich selbstbestimmt sein will, wenn ich mir zugestehe, authentisch zu sein, muss ich mir bewusst machen, dass ich jede Belohnung, die ich wegen einer richtig getroffenen Entscheidung erhalte, verdient habe. Ich war nicht dazu verpflichtet, es war meine Entscheidung. Ich konnte mich für dies, das oder jenes entscheiden, und deshalb steht mir auch die Anerkennung für den Erfolg zu.

Mir steht dein Dank für die Hilfe zu, die ich dir gegeben habe, vor allem, wenn du bedenkst, dass ich ja gesagt habe, obwohl ich nein hätte sagen können.

Bin ich derjenige, dem geholfen wurde, ist es natürlich einfacher, zu denken, dass du gar keine andere Wahl hattest, dass du dich nicht weigern konntest und es deine Pflicht war, mir zu helfen.

Natürlich finde ich es viel bequemer, zu denken, dass der andere für mich da sein muss.

Das ist die Sache mit dem ewigen Kind.

Jenen Kindern, die sich nie dazu durchringen, sich aus der Abhängigkeit von ihren Eltern zu lösen.

Es ist eine Tatsache, dass viele Eltern ihre Kinder bevormunden, damit diese nicht erwachsen werden und sie so die Kontrolle über deren Leben behalten. Aber es gibt auch nicht wenige Kinder, die ihre Eltern bevormunden, indem sie diese zwingen, weiterhin die Entscheidungen für sie zu treffen, damit sie sich nicht darum kümmern müssen, um keine Verantwortung zu übernehmen, weil es einfacher ist und weniger gefährlich, wenn andere das Risiko auf sich nehmen und für die Mühen und Kosten aufkommen.

Der Weg der Selbstabhängigkeit bedeutet, dass ich anfange, für mich selbst zu sorgen. Um diesen Weg zu gehen, braucht es dreierlei:

Man muss die nötigen Voraussetzungen schaffen,
man muss das Rüstzeug haben,
man muss die Entscheidung treffen.

Es gibt keinen Ort, um sich auf den Weg vorzubereiten.

Wir entdecken unsere Möglichkeiten, während wir auf dem Weg sind.

Je weiter wir kommen, desto besser sind wir gerüstet.

Unsere Entscheidung festigt sich, je weiter wir auf unserem Weg vorankommen.

4

Voraussetzungen

Die Liebe zu sich selbst

Ich grüße den Buddha in euch. Es mag euch nicht bewusst sein, ihr mögt nie im Traum daran gedacht haben, dass ihr Buddha seid, dass niemand überhaupt etwas anderes sein kann, dass Buddhaschaft der absolut innerste Kern eures Wesens ist, dass sie nicht etwas ist, das erst in der Zukunft passiert, sondern dass sie bereits passiert ist. Sie ist die eigentliche Quelle, aus der ihr kommt. Sie ist die Quelle und auch das Ziel. Buddhaschaft ist es, woher wir kommen, und Buddhaschaft ist es, wohin wir gehen. Dies eine Wort ›Buddhaschaft‹ enthält alles – den vollen Zyklus des Lebens, vom Alpha bis zum Omega.

Aber ihr schlaft fest. Ihr wisst nicht, wer ihr seid.

Ihr müsst nicht erst zum Buddha werden. Ihr müsst nur erkennen, dass ihr nur einfach zu eurer eigenen Quelle zurückfinden müsst, ihr müsst nur in euch hineinschauen.

Eine Konfrontation mit euch selbst wird euch eure Buddhaschaft enthüllen.

Am selben Tag, an dem man sich endlich erkennt, wird die ganze Existenz erleuchtet.

[...]

Lasst es da sein in euren Herzen: »Du bist ein Buddha!«

Ich weiß, es mag anmaßend klingen, es mag sehr hypothetisch wirken, ihr könnt der Sache nicht allzu sehr trauen. Das ist natürlich. Ich verstehe das. Lasst es da sein – aber als Saat-

korn. Mit diesem Faktum als Mittelpunkt kann vieles anfangen zu passieren, und nur mit diesem Faktum als Mittelpunkt werdet ihr diese Sutras verstehen können. Sie sind ungeheuer machtvoll, wenn auch sehr klein, sehr gedrängt, saatförmig. Aber auf diesem Boden, mit dieser Vision im Sinn – dass du ein Buddha bist, dass du ein knospender Buddha bist, dass du potentiell fähig bist, einer zu werden, dass nichts fehlt, alles bereitsteht, alles nur in die richtige Anordnung gebracht werden muss, dass nur ein bisschen mehr Wachheit dazugehört, ein bisschen mehr Bewusstsein dazugehört …

Der Schatz ist da; du brauchst nur ein Lichtchen in dein Haus zu bringen.

Ist die Finsternis erst einmal fort, wirst du kein Bettler mehr sein, wirst du ein Buddha sein, wirst du ein Souverän sein, ein Kaiser.

Dieses ganze Königreich ist dein, du brauchst es nur einzufordern. Du brauchst nur deinen Anspruch darauf geltend zu machen.

Aber du kannst es nicht beanspruchen, solange du glaubst, dass du ein Bettler bist.

Diese Vorstellung, dass du ein Bettler bist, dass du unwissend bist, dass du ein Sünder bist, ist seit Jahrhunderten von so vielen Kanzeln herab gepredigt worden, dass es zu einer tiefen Hypnose in euch geworden ist.

Diese Hypnose gilt es zu brechen.

Um sie zu brechen, beginne ich mit:

»Ich grüße den Buddha in euch.«
OSHO

Der erste Markstein auf dem Weg der Selbstabhängigkeit ist die *amour de soi*, wie Rousseau sie nennt, die Selbstliebe. Ich möchte es lieber weniger vornehm einen gesunden Egoismus nennen, der auch die Wertschätzung der eigenen Person und den bewussten Stolz auf das umfasst, was ich bin. Seit mein Buch *Von der Selbstachtung zum Egoismus* erschienen ist, fragen mich die Leute immer wieder:

»Aber warum verwendest du den Begriff Egoismus? Ich finde das ein bisschen schwierig …«

Ich verwende ihn, um nicht der Versuchung zu erliegen, dieses Wort nur deshalb zu vermeiden, weil es immer »schlechte Presse« kriegt.

Manchmal sage ich:

»Nun, wie wollen wir es denn nennen? Nennt es, wie ihr wollt. Ihr wollt es ›Stuhl‹ nennen? Nennen wir es Stuhl. Aber in eurem tiefsten Inneren wisst ihr, dass die Rede von Egoismus ist.«

Man muss nur aufhören, Angst vor diesem Wort zu haben.

Man darf es nicht mit selbstsüchtigem, grausamem, berechnendem, niederträchtigem Verhalten gleichsetzen. Das ist etwas anderes.

Man muss kein schlechter Mensch sein, um ein Egoist zu sein.

Man kann egoistisch sein und trotzdem gerne teilen.

Ich sage immer: Ich mache den Menschen, die ich liebe, so gerne eine Freude, dass ich, egoistisch, wie ich bin, nicht darauf verzichten will …

Ich will nicht darauf verzichten, denen, die ich liebe, eine Freude zu machen.

Aber ich mache es nicht für sie. Ich mache es für mich. Das ist der Unterschied.

Der Unterschied ist, dass man aus dieser Haltung heraus gar nicht daran denkt, was ich für den anderen tue.

Wenn ich etwas für dich machen würde, wäre ich nicht länger selbstbestimmt. Ich würde nicht auf mich schauen, sondern auf das, was du von mir brauchst.

Und dann würde ich vielleicht Schritt für Schritt wieder abhängig.

Und wenn ich feststelle, dass ich abhängig bin, wäre es gut, diesen Zustand zu überdenken.

Wenn ich abhängig bin, gibt es Dinge, die ich mir selbst nicht zugestehen kann.

Und wenn dem so ist, dann, weil ich glaube, es nicht wert zu sein, oder weil ich mich nicht genügend liebe.

Ich tue niemals etwas für die anderen.

Dieser Satz mag ziemlich egoistisch klingen. Und ich denke, es stimmt: Der Satz klingt wirklich egoistisch. Weil er egoistisch ist.

Aber hier handelt es sich nicht um den schäbigen, kleingeistigen Egoismus, an den wir für gewöhnlich denken. Es ist der Egoismus derjenigen, die sich selbst genug lieben, um zu wissen, dass sie wertvoll sind … Und die etwas zu geben haben.

Manchmal, wenn ich so rede, glauben die Leute, ich würde mich gegen Solidarität und solidarische Hilfe aussprechen.

»Du sprichst von Selbstabhängigkeit und von Freiheit … Aber dann kann jeder machen, was er will und wonach ihm gerade der Sinn steht, und am Ende herrschen Mord und Totschlag!«

Und ich sage: Die Ansicht darüber, wo die individuelle Freiheit endet, hängt von der ideologisch-philosophischen Grundeinstellung jedes Einzelnen ab.

Es gibt zwei völlig gegensätzliche philosophische Standpunkte. Der eine geht davon aus, dass der Mensch böse, grausam und hinterhältig ist und nur auf eine Gelegenheit wartet, dem anderen das Leben schwerzumachen und ihm sein Hab und Gut zu nehmen. Für den anderen ist der Mensch edel, hilfreich und gut, freundlich und kreativ; lässt man ihm die Freiheit, er selbst zu sein, wird er die Erfahrungen machen, die es zu machen gilt, und am Ende das großherzigste und loyalste Lebewesen der Schöpfung sein.

Der freie Mensch kann entscheiden, solidarisch zu sein, obwohl er weiß, dass er es im Grunde nicht für den anderen, sondern für sich selbst tut.

Und das ist Egoismus im guten Sinne, so, wie ich ihn verstehe.

Ich möchte Egoismus als die nicht sonderlich sympathisch erscheinende Haltung definieren, dass ich mich selbst jeder anderen Person vorziehe.

Die Vorstellung, dass ich als Egoist nur an mich selbst denke, beruht auf dem Glauben, dass mir nur ein begrenzter Raum zum Lieben zur Verfügung steht, eine begrenzte Fähigkeit zu lieben, und dass kein Platz mehr für die anderen bleibt, wenn ich diesen Raum mit mir selbst anfülle.

Diese Vorstellung ist nicht nur absurd, sondern zudem höchst trügerisch. Es gibt keine Beschränkungen meiner Liebesfähigkeit. Meine Liebe kennt keine Grenzen, und deshalb kann ich mich selbst ebenso sehr lieben wie die anderen. Tatsächlich ist es aus psychologischer Sicht unmöglich, jemanden zu lieben, wenn ich mich selbst nicht liebe.

Wer behauptet, dass er die anderen liebt, sich selbst hingegen nicht besonders, lügt in einem von beiden Fällen. Entweder stimmt es nicht, dass er die anderen liebt, oder es stimmt nicht, dass er sich selbst nicht besonders liebt.

Die Liebe zu den anderen erwächst und nährt sich aus der Liebe zu sich selbst. Die Selbstliebe gibt mir die Möglichkeit, mich im anderen zu sehen.

»Liebe deinen Nächsten wie dich selbst« – dieser Gedanke, tief verwurzelt in den beiden Mutterreligionen unserer Kultur, der jüdischen und der christlichen, ist die oberste Maxime.

Es heißt nicht »mehr als dich selbst«.

Es heißt »**wie** dich selbst«.

Das ist das Höchste, was man anstreben kann.

Die folgende Geschichte erzählt von einem Mädchen namens Ernestina:

Ernestina lebte auf einem Bauernhof auf dem Land.

Eines Tages trägt ihr Vater ihr auf, ein Fass Mais zum Kornspeicher einer Nachbarin zu bringen. Ernestina nimmt ein Holzfass, füllt es bis zum Rand mit Maiskörnern, verschließt es mit einem Deckel und bindet es sich auf den Rücken wie einen Rucksack. Nachdem sie es festgezurrt hat, macht sie sich auf den Weg zum Nachbarhof.

Unterwegs begegnet sie mehreren Bauern. Einige sehen, dass das Fass ein Loch hat und Körner herausrieseln, ohne dass Ernestina es bemerkt. Ein Freund ihres Vaters winkt und gestikuliert, um sie auf das Problem aufmerksam zu machen, doch sie hält es für einen Gruß und winkt freundlich lächelnd zurück. Daraufhin rufen die übrigen Bauern ihr zu:

»Du verlierst den Mais!«

Ernestina dreht sich um und schaut zurück, aber da die Vögel die Körner sofort aufpicken, kaum dass sie auf dem Boden liegen, sieht sie nichts und denkt, die Nachbarn wollen sich über sie lustig machen. Also setzt das Mädchen seinen Weg fort.

Wenig später sagt erneut ein Bauer zu ihr:

»Ernestina! Ernestina! Du verlierst den Mais, die Vögel picken ihn auf!«

Ernestina dreht sich um und sieht die Vögel über dem Weg flattern, aber sie entdeckt kein einziges Maiskorn. Also setzt sie ihren Weg fort, während weiterhin der Mais aus dem Loch im Fass rinnt.

Als Ernestina ihr Ziel erreicht und das Fass öffnet, sieht sie, dass es nach wie vor randvoll mit Maiskörnern ist.

Man könnte nun denken, dass die Geschichte lediglich eine Parabel ist, eine Allegorie, um die Geizigen zur Freigebigkeit zu ermuntern und ihnen die Angst vor der Leere zu nehmen.

Doch was die Liebe betrifft, so leere ich mich nicht, wenn ich liebe.

Es trifft nicht zu, dass ich ohne alles dastehen könnte, weil ich zu viel gebe.

Es trifft nicht zu, dass ich einen Vorrat an Liebe zurückhalten muss, um lieben zu können.

Ernestina, das sind wir alle.

Und der Mais ist das, was jeder von uns an Liebe zu geben hat.

Ein unerschöpflicher Vorrat an Liebe.

Die Vögel werden nicht leer ausgehen, wenn wir den Mais heil zum Speicher bringen wollen.

Und auch wir selbst werden nicht leer ausgehen, wenn wir den Vögeln etwas abgeben.

Wenn wir uns selbst lieben, bleibt immer noch genug Liebe für die anderen.

Tatsächlich haben wir unendlich viel zu geben. Unser Fass ist immer voll. Denn so funktioniert unser Herz, unser Geist, unser aller Sein.

Wie dem auch sei: Widerspricht es nicht dem Prinzip der Solidarität, wenn ich auf mich selbst schaue, wenn ich mich aus Abhängigkeiten löse und mich selbst liebe?

Für mich gibt es mindestens zwei Formen von Solidarität. Ich nenne sie die Solidarität als Einbahnstraße und die mit Rückschein. Denn ich bin überzeugt, dass es zwei Arten gibt, dem Nächsten helfen zu wollen.

Bei der Solidarität als Einbahnstraße sehe ich den anderen, der nichts hat, ich sehe den anderen, der leidet, ich sehe den anderen, der sein Unglück beklagt, und dann geschieht etwas mit mir. Mir wird zum Beispiel bewusst, dass ich an seiner

Stelle sein könnte, ich identifiziere mich mit ihm, und mich überkommt die Angst, dass es mir genauso ergehen könnte wie ihm. Also helfe ich ihm.

Ich bin solidarisch, weil ich Angst habe, dass es mir genauso ergehen könnte wie ihm. Meine Hilfe entsteht aus der Angst heraus, die in der Identifikation begründet liegt. Sie wirkt als eine Art magischer Schutz, der mir zusteht, weil ich solidarisch gewesen bin. Es ist eine beschwörende Solidarität, eine »gleichgültige« Hilfe, denn eigentlich tue ich es für mich, nicht für den anderen.

Als ein naher Verwandter dieser Solidarität erweist sich die Hilfe aus einem Schuldgefühl heraus, die ihren Ursprung in der unheilvollen Logik bestimmter karitativer Vorstellungen hat ... Wenn ich jemanden leiden sehe, geht mir unweigerlich ein furchtbarer Gedanke durch den Kopf: »Zum Glück hat es dich getroffen und nicht mich.«

Und ich beschließe zu helfen, weil ich das schlechte Gewissen nicht ertrage, das dieser Gedanke in mir auslöst.

Eine weitere Einbahnstraße ist der Glaube an ein Schicksal, das Gutes mit Gutem vergilt. Es heißt ja, wer gibt, dem wird doppelt zurückgegeben ...

Es gibt Leute, die ganz offen zugeben, dass sie geben, um etwas zu bekommen. Es handelt sich hier um Solidarität als Investition. Das soll nicht heißen, dass das nicht funktioniert, aber es ist in jedem Fall eine Einbahnstraße.

Es gibt auch eine Solidarität aus Gehorsam, weil meine Mutter mir beigebracht hat, dass ich teilen soll, dass ich nicht egoistisch sein darf und geben muss ... Ich entspreche den Wünschen meiner Mutter oder des Pfarrers oder der Person, die mich erzogen hat. Ich gehorche, ganz gleich, ob ich davon überzeugt bin oder nicht, aber so hat man es mir beigebracht, und so halte ich es weiter. Ich frage mich nie, ob es das ist, was ich eigentlich will. Ich weiß nur, dass man es so macht, also mache ich es. Das ist die ideologischste, die ethischste und moralischste Solidarität, aber es ist eine Einbahnstraße.

Zu guter Letzt gibt es eine Solidarität, die ich »heute du, morgen ich« nenne. Bei dieser Form der Solidarität geht es um die Absicherung der Zukunft. Mit Blick auf eine womöglich schwarze Zukunft versichere ich mich, dass irgendeiner solidarisch mit mir sein wird, wenn die Reihe an mir ist und ich derjenige sein sollte, dem es schlechtgeht.

Ob es sich nun um Solidarität als Beschwörung, aus Schuldbewusstsein, als Investition, aus Gehorsam oder jene des »Heute du, morgen ich« handelt: All diese Formen der Solidarität sind eine Einbahnstraße und natürlich keinesfalls altruistisch.

Aber dann ist da noch die Geschichte von Ernestina.

Was lerne ich aus der Geschichte von Ernestina?

Ich lerne, dass ich nicht mit leeren Händen zurückbleibe, wenn ich gebe. Ich lerne, dass ich nicht wie jene bin, die nehmen, was ich gebe, und es nie sein werde. Dass ich mich nicht schuldig fühle wegen dem, was ich habe, und dass ich nicht mehr brauche, als ich habe. Und zu guter Letzt, dass es mich nicht kümmert, was ich nach Ansicht der anderen zu tun habe.

Und nun weiß ich, dass ich die Wahl habe, ob ich gebe oder nicht.

Dann bin ich an dem Punkt, an dem das alles nicht mehr wichtig ist.

Ich erlange das, was ich Selbstabhängigkeit nenne.

Ich entdecke, dass mein Wert nicht vom Blick meiner Umwelt abhängt.

Und ich begegne den anderen, nicht, weil ich um ihre Anerkennung bettle, sondern um gemeinsam ein Stück des Weges zu gehen.

Ich entdecke die Liebe und mit ihr die Freude am Teilen.

Hier kommt nun das zweite Prinzip der Solidarität ins Spiel.

Ich begegne jemandem, der leidet, und entdecke die Freude am Geben.

Ich gebe, weil es *mir* Freude bereitet, zu geben.

Das ist die Solidarität mit Rückschein.

Ein König ging durch seinen Garten und stellte fest, dass seine Bäume, Hecken und Blumen verdorrten.

Die Eiche sagte ihm, sie verkümmere, weil sie nicht so groß werden könne wie die Pinie.

Als er zur Pinie kam, war diese umgestürzt, weil sie keine Trauben tragen konnte wie der Rebstock.

Und der Rebstock welkte, weil er nicht blühen konnte wie die Rose.

Die Rose weinte bitterlich, weil sie nicht so stark und standhaft war wie die Eiche.

Schließlich entdeckte er eine kleine Fresie, die so schön blühte wie noch nie.

Der König fragte:

»Wie kommt es, dass du inmitten dieses welken, traurigen Gartens so heiter weiterwächst?«

Und die Blume antwortete:

»Ich weiß es nicht. Vielleicht, weil ich immer davon ausgegangen bin, dass du Fresien wolltest, als du mich gepflanzt hast. Hättest du eine Eiche oder eine Rose gewollt, dann hättest du sie gepflanzt. Und da sagte ich mir: ›Ich will versuchen, eine Fresie zu sein, so gut ich es eben kann.‹«

Nun bist du an der Reihe. Du bist hier, um deinen Duft beizutragen.

Schau einfach nur auf dich selbst.

Du kannst niemand anders sein.

Du kannst es genießen und wachsen und gedeihen, genährt von der Liebe zu dir, oder du kannst dich selbst dazu verdammen, vor dich hin zu verkümmern.

5

Das Rüstzeug

Abgrenzung und Ressourcen

Die Abgrenzung ist der unangenehme Ausgangspunkt dieses Wegstücks. Ein schwieriges, kompliziertes Wort, in dem Geringschätzung, Rassismus und die Ausgrenzung anderer mitschwingen.

Doch das ist nicht die einzige Bedeutung des Wortes. Es ist nicht die Bedeutung, in der ich es benutze. Für mich ist es das Bewusstsein der Andersheit, die Fähigkeit, mich von den anderen abzugrenzen – oder vorsichtiger formuliert, zu unterscheiden –, die nicht Ich sind.

Zu wissen, dass es einen Unterschied gibt zwischen dem Ich und dem Nicht-Ich.

Du bist du, und ich bin ich.

Wir gleichen uns, aber wir sind nicht gleich.

Ich bin nicht identisch mit dir, und du bist nicht identisch mit mir.

Wir sind verschieden. Manchmal sehr verschieden.

Das nenne ich Bewusstsein der Andersheit oder die Fähigkeit zur Selbstabgrenzung.

Bei unserer Geburt glauben wir, die ganze Welt sei ein Teil von uns. Es ist eine vollkommen symbiotische Beziehung ohne das geringste Bewusstsein einer Grenze zwischen Innen und Außen.

Während dieser »Verschmelzungsphase« (wie Donald Winnicott es nennt) sind die Mutter, das Bettchen, die Spielsachen, das Zimmer und unser Essen für uns nichts anderes als eine übergangslose Erweiterung unseres Körpers.

Ohne dass man uns direkt damit konfrontieren müsste, so Winnicott weiter, bringt unser »angeborener Reifungsprozess« im frühen Alter von sieben oder acht Monaten eine schmerzvolle Erkenntnis mit sich (vielleicht der erste Schmerz überhaupt), wenn wir feststellen, dass diese Verschmelzung eine Illusion war. Mama kommt nicht, nur weil ich es mir wünsche, das gesuchte Spielzeug taucht nicht auf, weil ich daran denke, Essen ist nicht ständig verfügbar.

Entgegen unseres narzisstischen Verlangens müssen wir uns damit abfinden, dass es zwischen uns und allem anderen eine Distanz gibt, eine Barriere, eine Grenze, die wir später unsere Haut nennen werden.

Unfreiwillig lernen wir den Unterschied zwischen Innen und Außen.

Wir lernen, zwischen Phantasie und Realität zu unterscheiden.

Wir lernen, zu hoffen und die Enttäuschung auszuhalten.

Das alles umfassende, scheinbar allmächtige Selbst- und Weltverständnis wird abgelöst durch Selbstabgrenzung und Individualisierung.

Sobald ich mich abgrenzen kann, beginne ich, das aufzubauen, was die Fachleute meine Identität, mein *self*, mein Ich nennen.

Ich lerne, mich nicht mit dem anderen gleichzusetzen, nicht länger zu glauben, dass der andere notwendigerweise das Gleiche fühlt oder fühlen muss wie ich, dass die anderen nicht genauso denken oder denken müssen wie ich. Dass der andere nicht auf der Welt ist, um meine Wünsche und Erwartungen zu erfüllen.

Indem ich mich abgrenze, bekräftige ich endgültig, dass ich ich bin und du du.

Erst dann kann ich weitergehen und mich auf den Weg der Selbsterkenntnis begeben.

Und ich sage absichtlich »auf den Weg begeben« und nicht »ankommen«. Denn zu wissen, dass du nicht ich bist und ich nicht du, reicht nicht aus, um zu wissen, wer ich bin. Die Selbstabgrenzung ist dazu ein notwendiger Schritt, aber sie allein genügt nicht.

Zugang zur Selbsterkenntnis

Selbsterkenntnis heißt vor allem, mich mit mir selbst auseinanderzusetzen, um herauszufinden, wer ich bin, wo meine Stärken und meine Schwächen liegen, was ich mag und was ich nicht mag, woran mir etwas liegt und woran nicht.

Das »Erkenne dich selbst« ist ein klassischer, ein archetypischer Denkansatz der Philosophie aller Epochen. Es ist tatsächlich ein schwieriges Unterfangen, eine Herausforderung, die einer Vielzahl von philosophischen, existentiellen, moralischen, ethischen, anthropologischen, psychologischen etc. Modellen zugrunde liegt.

Mir darüber klarzuwerden, wer ich bin, ist für mich das Ergebnis eines vorurteilsfreien, aktiv nach innen gerichteten Blicks, um mich selbst erkennen zu können.

Dabei geht es nicht darum, was ich denke oder glaube zu sein. Ich muss mich selbst kennen, ich muss wissen, wer ich bin.

Es gibt nämlich einen gewaltigen Unterschied zwischen ›glauben‹ und ›wissen‹.

Wenn ich sage: »Ich *glaube*, ich fliege morgen nach Buenos Aires zurück«, räume ich damit ein, dass in der Zwischenzeit

Dinge passieren könnten, die mich davon abhalten. Sage ich hingegen: »Ich *weiß*, dass morgen die Sonne aufgehen wird«, habe ich die Gewissheit, dass es so sein wird. Auch wenn es ein bewölkter Tag sein sollte, wird morgen die Sonne aufgehen. Ich weiß es.

Wenn ich sage: »Ich weiß«, spreche ich eine Überzeugung aus, für die es keinen Beweis und keine Bestätigung braucht.

Wenn ich sage: »Ich glaube«, setze ich fest auf das, was ich glaube.

Bei einem »Ich weiß« hingegen gibt es keine Unwägbarkeiten.

Natürlich kann man sich täuschen und später feststellen, dass man nicht wusste, sondern zu wissen glaubte und sich in dieser festen Überzeugung bestärkte, um »Ich weiß« sagen zu können und erst später zu erkennen, dass man im Irrtum war. Das ist kein Widerspruch; wenn ich von »wissen« spreche, meine ich diese Überzeugung, nicht die Richtigkeit der Behauptung.

Selbsterkenntnis ist die Überzeugung, zu wissen, dass man ist, wie man ist. Und das bedeutet viel persönliche Arbeit an sich selbst.

Wie viel? Das hängt von der jeweiligen Person ab, aber in jedem Fall lernen wir uns immer ein bisschen besser kennen.

Mich selbst hat es viel Zeit und Mühe gekostet, bis ich zu verstehen begann, wer ich bin (das muss mit meiner beachtlichen Körperfülle zusammenhängen, da braucht man länger, bis man sich zurechtfindet …). Bei anderen geht es schneller. Aber es ist nichts, was sich in einer Woche erledigen ließe.

Man muss an sich arbeiten.

Man muss sich genau beobachten.

Das heißt nicht, dass man sich die ganze Zeit beobachten muss. Aber ich muss schauen, wie ich für mich alleine bin oder in Interaktion mit anderen, morgens, wenn ich aufwache, und abends, bevor ich schlafen gehe, in schweren und in guten Momenten.

Ich muss das Beste und das Schlechteste an mir sehen.

Ich muss auf mich selbst schauen und beobachten, wie ich auf die anderen wirke.

Ich muss sehen, wie ich mit anderen und mit mir selbst umgehe.

Doch um herauszufinden, wer ich bin, muss ich zuhören können.

Man kann die eigenen Hände betrachten, den Handrücken, die Handinnenflächen, mit ein bisschen Anstrengung auch die eigenen Ellbogen und Fersen, der eine oder andere auch die Fußsohlen. Aber es gibt Körperteile, die unser Äußeres entscheidend prägen, wie zum Beispiel das Gesicht, und die wir mit bloßem Auge nicht sehen können. Dafür brauchen wir einen Spiegel, und der Spiegel dessen, was wir sind, ist der andere. Der Spiegel ist unsere Verbindung zu den anderen.

Je enger und tiefer diese Verbindung ist, desto genauer, gnadenloser und detaillierter ist der Spiegel.

Silvia Salinas und ich sagen in unserem Buch *Liebe mit offenen Augen*, dass der beste Spiegel dein Partner ist; er reflektiert dich am deutlichsten und am genauesten. Aber neben deinem Partner gibt es noch Tausende anderer Spiegel, in denen du dich betrachtest, um herauszufinden, wer du bist. Diese Spiegel sollten nicht deine Identität bestimmen, aber sie können dir dabei helfen, dein Selbstbild zu vervollständigen.

Wenn alle mir sagen, dass ich aggressiv bin, kann ich nicht in der Gegend herumschreien: »Nein, *du* bist aggressiv!«, ohne mich auch nur einmal zu fragen, ob an dieser Behauptung nicht doch etwas Wahres ist.

Es geht nicht darum, kritiklos jede Beobachtung hinzunehmen, ganz gleich, von wem sie kommt. Aber wir sollten uns schon fragen, ob an dem, was unsere Freunde uns sagen, etwas Wahres ist, auch wenn wir es auf den ersten Blick nicht erkennen können.

Will man nicht hören, was der andere sagt, kann das manchmal sehr witzig sein.

Wenn alle behaupten, dass ich dick bin, wäre es gut, diese Möglichkeit in Betracht zu ziehen.

Wer sich selbst erkennen will, muss sich genau beobachten und gut zuhören, was die anderen in ihm sehen.

Und um hören zu können, was der andere zu sagen hat, muss man den Mut haben, sich seinem Blick zu stellen.

Den Weg der Selbsterkenntnis zu beschreiten, bedeutet, dass ich den Mut habe, mich so zu geben, wie ich bin, ohne mich zu verstellen, ohne eine Rolle zu spielen oder den anderen etwas vorzumachen, und das *Feedback* anzunehmen, das sich daraus ergibt, dass ich mich dir so gezeigt habe, wie ich bin.

Je mehr ich von mir zeige und je genauer ich hinhöre, desto mehr werde ich über mich erfahren.

Je mehr ich über mich weiß, desto näher bin ich mir selbst.

Und je näher ich mir selbst bin, desto unabhängiger bin ich von der Außenwelt.

»Aber ist das kein Widerspruch? Wenn ich auf das höre, was andere sagen, macht mich das nicht abhängiger?«

Nein, das ist ganz und gar kein Widerspruch.

Es ist etwas, das ich auf dem Weg lerne.

Mich nicht vom Wort anderer abhängig zu machen, aber immer genau hinzuhören.

Nicht dem Rat anderer zu folgen, ihn jedoch immer zu bedenken.

Mich nicht nach der Meinung anderer zu richten, sie aber immer zur Kenntnis zu nehmen.

Ein Mann arbeitet in seinem Garten.

Da fährt ein junger Bursche auf dem Motorrad vorbei und ruft ihm zu:

»Hahnrei! Hahnrei!«

Der Mann dreht langsam den Kopf und sieht den Kerl gerade noch auf seinem Motorrad davonbrausen.

Er macht sich wieder an die Arbeit. Fünf Minuten später fährt der Bursche erneut auf seinem Motorrad vorbei und ruft:

»Hahnrei!«

Der Mann schaut rasch hoch, doch auch diesmal sieht er den davonrasenden Motorradfahrer nur noch von hinten.

Er wiegt den Kopf und geht gesenkten Hauptes ins Haus. In der Küche findet er seine Frau, die gerade dabei ist, Gemüse zu schneiden. Er fragt sie:

»Gibt es da etwas, das ich wissen sollte …?«

»Wie kommst du denn darauf?«, fragt die Frau zurück.

»Ach, da fährt dauernd so ein Typ auf einem Motorrad vorbei und brüllt ›Hahnrei! Hahnrei!‹, und da dachte ich …«

»Und du hörst auf jeden dahergelaufenen Idioten, der dir was zuruft?«

»Du hast recht, Liebling, entschuldige …«

Er gibt ihr einen Kuss auf die Wange und geht wieder in den Garten.

Nach zehn Minuten fährt der Kerl mit dem Motorrad erneut vorbei und ruft ihm zu:

»Hahnrei! Waschweib!«

Kein Zweifel. Man muss hinhören.

Wenn ich den Weg der Selbstabhängigkeit gehen will, muss ich mir an diesem Punkt darüber klarwerden, dass es nicht ausreicht, mich in einem einzigen Spiegel zu betrachten. Ich muss mir angewöhnen, mich in allen Spiegeln zu betrachten, die ich finden kann.

In einigen Spiegeln werde ich hässlich aussehen:

Ein Mann geht einen Pfad entlang und entdeckt im Gras am Wegesrand einen herrenlosen Spiegel.
Er hebt ihn auf, schaut hinein und sagt dann:
»Grauenvoll! Der wurde zu Recht weggeworfen.«

Der erste Schritt auf dem Weg zu innerem Wachstum besteht darin, ein profunder Kenner seiner selbst zu werden, das Beste und das Schlechteste an sich zu kennen.

Wenn ich das sage, fragen mich die Leute oft, ob es nicht allzu individualistisch oder gar selbstverliebt ist, wenn man so viel Zeit darauf verwendet, sich selbst kennenzulernen.

Ich glaube nicht, muss allerdings einräumen, dass sich das eher auf das Wort »selbstverliebt« als auf das Wort »individualistisch« bezieht. Denn ich bin Individualist und schäme mich nicht mal dafür.

Ich für meinen Teil bin fest davon überzeugt, dass ich dir nur dann etwas geben kann, wenn ich mich selbst kenne.

Nur wenn ich mich selbst kenne, kann ich an dich denken.

Ich kann nicht auf dich eingehen, wenn ich mich nicht zuvor mit mir selbst beschäftige.

Mit Sicherheit bin ich eine umso größere Hilfe, je mehr ich über mich weiß, je größer das Wegstück ist, das ich bereits zurückgelegt habe, je mehr Erfahrung ich habe, je öfter ich selbst erlebt habe, was nun du erlebst.

Natürlich gibt es Tausende Geschichten von Menschen, die anderen geholfen haben, ohne viel zu wissen, einfach, indem sie ihr Herz in den Händen trugen. Das sind die Helden des Alltags.

Es stimmt schon. Der Kopf, das Wissen um die Dinge sind nicht alles. Es ist nicht zwingend nötig, mich selbst zu kennen, um helfen zu können. Aber es trägt mit dazu bei.

Und darauf setze ich.

Ich glaube nach wie vor, dass es schwierig ist, etwas zu geben, was man nicht besitzt.

Bewusst-Sein

Meine Vorstellung von Selbsterkenntnis beginnt damit, dass man sich einige Dinge ins Bewusstsein ruft:

Man *hat* keinen Körper, man *ist* der Körper.

Man *hat* keine Emotionen, man *ist*, was man empfindet.

Man *hat* keine bestimmte Denkweise, man *ist*, was man denkt.

Jeder von uns ist, was er denkt und fühlt, er ist Körper und das, was sein innerstes Wesen ausmacht.

Die Allegorie von der Kutsche kann uns dabei helfen, das alles zu integrieren.

Wenn ich mich selbst erkennen will, muss ich damit beginnen, mich mit einem unvoreingenommenen Blick zu betrachten.

Ohne Vorurteile, ohne vorgefasste Meinung darüber, wie ich sein sollte.

Ich werde mich niemals selbst finden, wenn ich bei meiner Suche einen allzu kritischen Blick auf mich selbst richte.

Es kommt ziemlich häufig vor, dass wir unser Handeln und Denken mit Phrasen beurteilen wie:

»Was bin ich doch blöd!«

»Ich hätte doch merken müssen, dass …«

»Wie konnte ich nur so dumm sein!«

»Ich könnte mich umbringen!«

Und so weiter und so fort – eine, wie ich finde, ziemlich verhängnisvolle Herangehensweise.

Wie schön wäre es, wenn man das in eine achtsamere Haltung umwandeln könnte, wenn man sagen könnte:

»Ich habe mich geirrt. Nächstes Mal versuche ich, es besser zu machen ...«

»Vielleicht wäre es gut, das zur Kenntnis zu nehmen ...«

»Ich habe das zu sehr auf die leichte Schulter genommen. Meine Ungeduld ist manchmal nicht gerade hilfreich ...«

»Von jetzt an werde ich andere Alternativen suchen ...«

Paradoxerweise wäre dann die Wahrscheinlichkeit größer, dass sich etwas ändert.

Niemand verändert sich, weil es von ihm verlangt wird.

Niemand verändert sich wirklich aus Angst.

Niemand wächst unter Druck.

Es wäre also gut, wenn sie nicht mehr da wären, die Nörgler und Vorwurfsvollen ...

Das ist der einzige Weg, denn die Wahrheit ist, dass ich für den Rest meines Lebens mit mir zusammenleben muss, ob es mir gefällt oder nicht. Ob es nun kurz ist oder lang, es ist mein Leben, und ich werde es mit mir aushalten müssen.

Das lateinische Wort für Freund setzt sich aus drei Silben zusammen: *a-mi-cus*. Jemand, der bei mir ist.

Es wäre gut, wenn wir uns selbst in dieser Rolle sähen.

Da ich es ein Leben lang mit mir aushalten muss, wäre es wirklich eine gute Sache, wenn ich mir bewusst zur Seite stünde ...

Da keiner so lange mit mir zusammen ist wie ich selbst und keiner mehr über mich weiß als ich (nicht einmal mein Therapeut), wäre es wirklich gut, wenn ich mir ein guter Freund wäre und mir Gedanken darüber machte, was das Beste für mich ist.

Aus mir selbst jemand anderen machen zu wollen, als ich bin, ist nicht der Weg zur Selbsterkenntnis, sondern zur

Selbstveränderung. Und ich sage es dir noch einmal in aller Deutlichkeit: Der Versuch, sich selbst zu verändern, ist nicht konstruktiv. Es ist der falsche Ansatz, ein Irrweg, ein Schritt in die falsche Richtung.

Der Weg zur Selbsterkenntnis beginnt damit, dass ich mich so akzeptiere, wie ich bin, und davon ausgehend daran arbeite, herauszufinden, wie ich am besten mit mir klarkomme, wie ich es anstelle, auf eine bessere Weise ich selbst zu sein – falls ich gerne besser wäre. Ohne darüber zu vergessen, dass es gut so ist, wie ich bin, und es in jedem Fall von Vorteil ist, wenn ich an dieser Veränderung teilhaben kann.

Manchmal besteht die Veränderung darin, einen Weg einzuschlagen, den zuvor noch nie jemand gegangen ist.

Gestatte mir, als Beispiel meine eigene Erfahrung auf einem Gebiet anzuführen, das vielleicht nicht bedeutend sein mag, aber dennoch aufschlussreich sein kann:

Auf meinem eigenen Weg zur Selbsterkenntnis stellte ich fest, dass die Leute ungehalten reagierten, wenn ich keine Antwort auf die simple Frage wusste: »Was machst du beruflich?«

Ich fühlte mich nicht wohl dabei, Arzt zu sagen, auch nicht Psychiater, Psychoanalytiker oder Psychotherapeut. Also schloss ich all diese Bezeichnungen aus.

Ich besitze zwar den Arzttitel, aber ein Arzt ist jemand, der Leute heilt, und mir war schon lange klar, dass zumindest ich noch nie jemanden geheilt habe (allenfalls hat sich derjenige im Umgang mit mir selbst geheilt).

Psychiater bin ich nicht mehr, denn ein psychiatrischer Arzt ist jemand, der psychische Erkrankungen behandelt. Ich habe zwar die entsprechende Fachausbildung gemacht und mehr als zehn Jahre als Stationsarzt in psychiatrischen Krankenhäusern und Einrichtungen gearbeitet, aber das ist schon lange her.

Psychoanalytiker bin ich nie gewesen, weil ich mich bei meiner Arbeit nie auf die Psychoanalyse gestützt habe.

Psychotherapeut könnte ich sein, aber ich beschäftige mich nicht die ganze Zeit mit Psychotherapie. Außerdem bedeutet das Wort »Therapie«, dass man es mit Kranken zu tun hat, und ich arbeite meistens mit gesunden Patienten und nicht mit Kranken, die leiden.

Was also tun?

Schauen. Auf mich schauen. Mir darüber klarwerden, dass das, was ich über mich wusste, mit keinem mir bekannten Beruf in Einklang zu bringen war, und akzeptieren, dass sich meine Arbeit mit keinem der oben genannten Wörter, mit denen die anderen mich bezeichneten, definieren ließ. Aber ich hörte ihren Anspruch und ihr Bedürfnis heraus, zu wissen, was ich beruflich tat.

Dieser Anspruch half mir dabei, zu erkennen, dass auch ich selbst das Bedürfnis hatte, mich zu definieren.

Ich hatte mich selbst abgegrenzt. Ich war nicht, was die anderen waren. Aber was war ich?

Also musste ich nach einer neuen Form der Selbstdefinition suchen.

Und ich fand sie: *Professioneller Helfer*.

Helfer, denn es geht darum, Hilfe zu leisten, und *professionell*, weil ich dafür ausgebildet bin und mein Geld damit verdiene. Es hat nichts mit »Profession« zu tun, sondern meint schlichtweg, dass ich meinen Lebensunterhalt damit bestreite.

Es gibt Kollegen, die kritisieren diese Definition, weil sie der Meinung sind, dass das Wort *Helfer* nicht besonders seriös klingt (und grenzen sich damit ihrerseits von mir ab, sehr gut!!!). Und tatsächlich liegen sie damit gar nicht so falsch, bemühe ich mich doch immer, nicht »seriös« zu sein.

Zum anderen finde ich das Wort *Helfer* wunderbar, auch wenn es den Leuten nicht passt. Ich glaube, das hat viel damit zu tun, wie ich meine Arbeit im Bereich der seelischen Gesundheit einschätze.

Die Methode der Gestalttherapie wurde von Fritz Perls entwickelt.

Zu Beginn seiner Karriere sagte Perls, er könne die Patienten nicht heilen; er könne ihnen nur Liebe geben, alles andere müssten sie selbst tun. Später drückte er es so aus, dass er ihnen Werkzeuge an die Hand geben könne, die ihnen dabei helfen können, sich selbst zu heilen.

Wenn in seinen letzten Jahren am Esalen-Institut Patienten zu ihm kamen, sagte Fritz Perls zu ihnen:

»Ich habe keinen Leitfaden, und ich habe keine Liebe mehr, die ich dir geben könnte. Ich habe dir nichts zu geben, was du nicht bereits wüsstest. Das Einzige, was ich dir anbieten kann, ist ein Ort, an dem du – du allein – lernen wirst, dir zu helfen.«

Diese Denkweise erscheint mir höchst bedeutsam, denn aus dieser Position ist die Verbindung zwischen Therapeut und Patient nicht mehr (und nicht weniger) als ein Werkzeug, damit dieser sich selbst hilft.

Das meine ich, wenn ich sage, dass ich ein *professioneller Helfer* bin.

Mein Beruf besteht darin, anderen Hilfe anzubieten, weil ich Dinge gelernt oder gelesen habe, die sie nicht gelesen oder erfahren haben. Das ist alles, was ich tue: dabei helfen, dass du gesund wirst, dass du wächst, dass du reifst, dass du den Blick auf dich richtest. Das ist nicht viel und nicht wenig, und ich sage das weder aus Eitelkeit noch aus Bescheidenheit. Ich sage das, weil ich tatsächlich glaube, dass es so ist.

Aufgrund dieser Aussage werde ich manchmal gefragt, ob man es als therapeutisch bezeichnen kann, wenn man mit einem Freund über seine Probleme spricht.

Ich glaube, ja. Ich bin sicher, dass ein Gespräch mit einem

guten Freund durchaus therapeutisch sein kann. Es ist ein trauriger Gedanke, dass jemand in eine therapeutische Praxis kommen könnte, weil er keine Freunde hat.

Heißt das, dass Therapeuten überflüssig sind?

Nein. In vielen Fällen kann ein Freund nicht den Therapeuten ersetzen, so wie Freunde Funktionen erfüllen, die nicht durch einen Therapeuten ersetzt werden können.

Und dieses Spezifikum hat nichts mit der angeblichen Objektivität des Therapeuten zu tun. Niemand ist objektiv. Mach dir nichts vor und lass dir nichts vormachen. Um einen objektiven Blick zu haben, müssten wir ein Objekt sein. Sobald man ein Subjekt ist, hat man zwangsläufig seine eigene, subjektive Sichtweise.

Was ein Therapeut, ein Helfer, ein Psychologe oder Analytiker leisten kann, ist ein subjektiver Blick vom therapeutischen Standpunkt aus, der darauf angelegt ist, dass der Patient lernt, sich selbst zu helfen oder zu heilen.

Mehr kann meiner Ansicht nach keiner leisten.

Und so führte mich die Tatsache, dass ich mir fremdes Leid anhören und mein eigenes Unbehagen wahrnehmen kann, zu einem inspirierenden Ort, an dem ich bei mir selbst sein kann. So wenig akademisch das Wort *Helfer* auch klingen mag, es trifft genau den Punkt, denn es hat viel mit mir und meiner wenig akademischen Art zu tun, wie ich über diese Dinge denke.

Für das, was ich heute mache, ist der Umstand, dass ich Medizin studiert habe und Psychiater bin, beinahe nebensächlich. Bestimmte Dinge, die ich in meinem Medizinstudium oder als Psychiater gelernt habe, waren mir eine große Hilfe, andere nicht. Vieles habe ich auf der Straße gelernt, als Strumpfverkäufer in einem Bahnhof, in der Theatergruppe oder als Clown auf der Kinderstation im Quemado-Krankenhaus.

Auf meinem beruflichen Weg lernte ich (wie alle) mehr von meinen Patienten als von meinen Kollegen.

Ich lernte, keine Möglichkeit zu verwerfen, um mein Inneres zu ergründen, schon gar nicht jene, die sich mir wie in einem Spiegel in den vielfältigen Blicken der anderen anboten.

Ich bin der festen Überzeugung, dass man alles in die Waagschale werfen sollte, was man hat. Darum geht es bei diesem Stück des Weges. Darum, alle Ressourcen zu nutzen, die einem zur Verfügung stehen.

Wenn es eine meiner Stärken ist, dass ich einmal Arzt gewesen bin, dann sollte ich auf diese Ressource zurückgreifen. Wenn es eine meiner Stärken ist, dass ich einmal Theater gespielt habe, um zu lernen, wie man eine Geschichte erzählt, dann wäre es gut, wenn ich diese Ressource nutze. Wenn es eine Stärke von mir ist, dass ich die argentinische Provinz bereist, gezeltet oder für eine Weile in einem Kibbuz gelebt habe, dann ist es sicher gut für mich, mich dieser Ressourcen zu bedienen, um weitergeben zu können, was ich gelernt habe.

Man muss Gelerntes nicht beiseiteschieben, nur weil die Situation heute eine andere ist als damals. Wenn du zum Beispiel als Verkäufer gelernt hast, wie man andere überzeugt, du heute aber nicht mehr als Verkäufer arbeitest, kannst du deine damals erworbene Fähigkeit für andere Dinge einsetzen, die dich heute interessieren, unabhängig davon, ob du Verkäufer bist oder nicht. Zum Beispiel, um deinen Schülern den Stoff, den du gerade erklärst, besser begreiflich zu machen.

Es ist unglaublich, wie viele Menschen nicht auf ihre Ressourcen zurückgreifen, weil sie mit den Umständen hadern, unter denen sie diese erworben haben. Sie *wollen* sie einfach nicht nutzen. Wenn sie bei X oder Y Tennis spielen gelernt haben und jetzt mit X oder Y verkracht sind, spielen sie kein Tennis mehr.

Lächerlich!!!

In Paarbeziehungen passiert dasselbe. Da trennt sich einer im Unguten und wirft dann alles weg, was er in dieser Beziehung gelernt und erreicht hat, ganz so, als könne es ihm nun nicht mehr nützlich sein, nur weil er es in dieser Situation gelernt hat. Diese Menschen begreifen nicht, dass *innere* Ressourcen eben das sind: innerlich, und dass sie deswegen einem selbst gehören.

Ein Mann kommt zu einem Weisen und sagt:

»Ich möchte, dass du mich in deiner Weisheit unterweist, denn ich möchte weise sein. Ich will jederzeit die richtigen Entscheidungen treffen. Wie finde ich heraus, was in der jeweiligen Situation die richtige Antwort ist?«

Daraufhin sagt der Weise:

»Statt einer Antwort will ich dir eine Frage stellen: Aus einem Rauchfang kriechen zwei Männer heraus, der eine mit rußgeschwärztem Gesicht, der andere mit sauberem Gesicht. Welcher von beiden wäscht sich das Gesicht?«

»Na, das ist doch offensichtlich«, sagt der Mann. »Der mit dem schmutzigen Gesicht.«

Und der Weise antwortet:

»Das Offensichtliche ist nicht immer die richtige Antwort. Geh und denk darüber nach.«

Der Mann geht und denkt zwei Wochen nach. Dann kehrt er zufrieden zurück und sagt zu dem Weisen:

»Wie dumm ich doch war! Jetzt weiß ich's: Der mit dem sauberen Gesicht wäscht sich. Er sieht nämlich, dass der andere schmutzig ist, und denkt, dass er genauso schmutzig ist. Deshalb wäscht er sich. Der mit dem schmutzigen Gesicht hingegen sieht, dass der andere ein sauberes Gesicht hat, und denkt, dass seines auch sauber sein muss. Deshalb wäscht er sich nicht.«

»Sehr gut«, bemerkt der Weise. »Aber Scharfsinn und Logik führen nicht immer zur richtigen Lösung. Geh und denk nach.«

Der Mann geht nach Hause, um nachzudenken. Nach zwei Wochen kehrt er zurück und sagt zu dem Weisen:

»Jetzt weiß ich's! Beide waschen sich das Gesicht. Der mit dem sauberen Gesicht sieht das schmutzige Gesicht des anderen und denkt, dass seines ebenfalls schmutzig ist, deshalb wäscht er sich. Als der mit dem schmutzigen Gesicht sieht, dass der andere sich wäscht, denkt er, dass sein Gesicht auch schmutzig ist, und wäscht sich ebenfalls.«

Der Weise schweigt eine Weile, dann sagt er:

»Analogien und Vergleiche helfen nicht immer, die richtige Antwort zu finden.«

»Ich verstehe nicht«, sagt der Mann.

Der Weise sieht ihn aufmerksam an und sagt dann:

»Wie kann es sein, dass zwei Männer aus einem Rauchfang kriechen und der eine ein sauberes Gesicht hat, der andere hingegen ein schmutziges?«

Um die richtige Antwort zu finden, braucht man in den meisten Fällen nichts weiter als gesunden Menschenverstand.

Und ohne jeden Zweifel ruft uns der gesunde Menschenverstand aus der großen Weisheit unseres inneren Ichs zu: »Nutze alles, was dir zur Verfügung steht, und vergrößere damit deine Chance, ans gewünschte Ziel zu gelangen!«

All das, was uns zur Verfügung steht, nenne ich Ressourcen.

So wie der Lauf eines Flusses dem Flussbett folgt, so ist der Lauf eines Lebens der Weg, auf dem dieses Leben verläuft. Unter diesem Gesichtspunkt ist jedes Werkzeug, dass es uns ermöglicht, unseren Weg weiterzuverfolgen, auf den richtigen

Weg zurückzufinden oder neue Auswege zu entdecken, eine Ressource.

In unserem Leben stoßen wir auf Hindernisse, die uns hemmen. Will man weiter vorankommen, muss man den Weg freimachen oder aber einen anderen Weg finden.

Es ist interessant, eine Assoziation zwischen dem Begriff »Ressource« und dem Verb »zurückgreifen« herzustellen, denn es ist eine Verbindung, die viele Menschen nicht so ohne weiteres ziehen.

Eine Ressource ist ein inneres oder äußeres Element, auf das wir zurückgreifen. Es bedeutet, dass wir uns auf unserem Weg aus unserem Reservoir an Werkzeugen bedienen, um ein bestimmtes Ziel zu erreichen – um in den Genuss von etwas zu kommen, ein Hindernis aus dem Weg zu räumen, uns einer Situation zu stellen oder ein Problem zu lösen.

Eine Ressource ist jedes Werkzeug, auf das man zurückgreifen kann, um eine andere Sache zu tun und das, was uns an Schwierigkeiten begegnet, anzugehen und zu lösen.

Die meisten Werkzeuge werden uns mitgegeben und stehen uns gewissermaßen von Anfang an zur Verfügung. Andere hingegen muss man sich selbst schaffen.

Einer der Unterschiede zwischen höher entwickelten Tieren und dem Menschen ist die exklusive Fähigkeit des Letzteren, durch die Benutzung von Werkzeugen andere Werkzeuge zu schaffen. Ein Affe kann einen Stock benutzen, um Ameisen zu fangen, eine Taube kann Zweige sammeln, um ein Nest zu bauen, aber kein Tier ist in der Lage, mit Hilfe von Werkzeugen ein anderes Werkzeug herzustellen.

Es gibt viele Arten von Werkzeugen:

Manche sind vielfältig einsetzbar, andere sind sehr spezifisch.

Manche sind einfach und schlicht, andere sind sehr ausgefeilt und schwer zu handhaben.

Manche sind stets zur Hand, andere muss man sich erst beschaffen.

Und schließlich gibt es Werkzeuge, die man sofort, wenn man sie entdeckt, intuitiv benutzen kann; bei anderen hingegen muss man erst lernen, sie zu verwenden.

Ich mag ein Werkzeug besitzen, doch wenn ich nicht weiß, wie man es benutzt, nützt es mir nichts. Wie soll ich eine Motorsäge benutzen, wenn ich nicht weiß, wie man sie anlässt, wie man sie hält, wie man sie verwendet? Sehr wahrscheinlich wird sie nur Schaden anrichten, statt mir zu nutzen.

Diese Werkzeuge, über die wir verfügen, bilden zwei große Gruppen: die äußeren und die inneren Ressourcen.

Wie wir bereits gesehen haben, sind wir von klein auf gezwungen, den Unterschied zwischen Innen und Außen zu begreifen. Trotzdem ist sich ein Großteil der Patienten, die eine psychotherapeutische Praxis aufsuchen, dessen bis zu einem gewissen Grad nicht bewusst. Und das hat schlimme Konsequenzen. Sie erleben bestimmte Umstände und Situationen als zu ihrem Inneren gehörig, obwohl sie sich in Wirklichkeit »Außen« abspielen, oder noch häufiger projizieren sie etwas nach außen, das sich in Wirklichkeit in ihrem Inneren abspielt.

Deshalb bleibt festzuhalten:

All jene Ressourcen, die in mir selbst angelegt sind, nenne ich *innere Ressourcen*. Alles, was außerhalb meiner selbst liegt, nenne ich *äußere Ressourcen*.

Äußere Ressourcen

Äußere Ressourcen sind jene Dinge, Einrichtungen und Personen, die mir von außen her helfen können, wieder auf den richtigen Weg zurückzufinden.

Die Wohnung, in der ich lebe, meine Arbeit, das Auto, das Geld auf meinem Bankkonto sind Dinge, die zu meinen äußeren Ressourcen zählen. Wenn wir diese Ressource nicht besäßen, könnten wir viele Dinge nicht in Angriff nehmen. Was machen wir zum Beispiel, wenn wir Geld investieren müssen, weil die Stromleitungen ausgefallen sind? Dann verwenden wir unsere Ersparnisse, unsere Reserven, um dieses Problem zu lösen.

Was die Einrichtungen angeht, so gehört das Krankenhaus bei mir um die Ecke dazu, auch wenn ich es nicht in Anspruch nehme. Das Sozialwerk, dem ich angehöre, ist eine Ressource, ob ich sie nutze oder nicht. Genauso ist es mit der Uni, an der ich studiert habe, der Bücherei in meiner Gemeinde oder dem Polizeirevier in meinem Viertel.

Um auf das Beispiel mit der unvorhergesehenen Ausgabe zurückzukommen: Wenn meine Ersparnisse nicht ausreichen (oder es keine gibt), kann ich zur nächsten Bank gehen, um einen Kredit aufzunehmen.

Auch Menschen können eine Ressource sein. Unsere Freunde, Lehrer und Angehörigen sind Personen, an die wir uns wenden können. Vielleicht kann einer von ihnen mir das Geld leihen, falls die Bank sich weigert. Und vielleicht ist mein handwerklich geschickter Freund Alfredo sogar bereit, mir bei der Reparatur zur Hand zu gehen.

Es kann eine interessante Übung sein, auf einem Blatt Papier die äußeren Ressourcen zu notieren, über die ich verfüge, und vor allem, wer die Menschen in meinem Umfeld sind, auf die ich mich jeweils verlassen kann.

Mit dem einen kann ich vielleicht Spaß haben, mit dem anderen kann ich gut reden, wieder ein anderer nimmt mich in den Arm, wenn mir danach ist, streckt mir Geld vor, schenkt mir Geborgenheit oder gibt mir gute finanzielle Ratschläge. Die Liste ließe sich endlos fortsetzen. Ich rate dir wirklich, dir einmal zu überlegen, auf wen du bei welcher Gelegenheit zählen kannst.

Da es nur eine Übung für dich selbst ist, besteht kein Anlass, zu lügen. Beim Erstellen dieser Liste werden wir wahrscheinlich einige Überraschungen erleben. Zum Beispiel, dass eine Person mehrmals auftaucht; dass jemand, von dem man vorher dachte, er sei nicht dabei, als Dritter genannt wird; oder dass ein anderer, von dem man dachte, er sei auf jeden Fall dabei, überhaupt nicht in Erscheinung tritt …

Manchmal muss man den Mumm haben, jemanden von außen um Hilfe zu bitten. Eine ungelöste Situation liegt weiter in der Luft und bindet einen Großteil unserer Energie. So kommt man nicht weiter.

Man muss lernen, um Hilfe zu bitten, ohne deshalb abhängig zu sein, und man muss lernen, Hilfe anzunehmen, ohne zu denken, dass man sich dadurch in Abhängigkeit begibt.

Merke:

Hilfe anzunehmen heißt nicht, abhängig zu sein.

Innere Ressourcen

Ganz hinten an meinem Haus gibt es einen Werkzeugschuppen. Dort befinden sich alle Werkzeuge, die ich für den täglichen Gebrauch benötigen könnte.

Es ist unglaublich, aber es gab eine Zeit in meinem Leben, in der ich diesen Raum noch nicht entdeckt hatte. Ich dachte, bei mir zu Hause gäbe es schlichtweg keinen Ort für Werkzeuge. Immer wenn ich etwas brauchte, musste ich jemanden um Hilfe bitten oder mir das benötigte Werkzeug ausleihen. Und dann erinnere ich mich noch genau an den Tag, an dem ich diesen Raum entdeckte: Ich fand, dass ich die Werkzeuge, die ich am häufigsten benötigte, immer zur Hand haben sollte, und war bereit, sie mir zu besorgen. Doch dann überlegte ich, dass ich zuerst einen Platz bei mir zu Hause finden müsste, um sie aufzubewahren. Ich erinnerte mich voller Nostalgie an den kleinen Blechverschlag hinter Opa Mauricios Haus und entsann mich genau, wie aufgeregt ich war, als ich mit MEINEM ersten Werkzeug nach Hause kam. Ich fand es einen schrecklichen Gedanken, dass ich es verlieren könnte, wenn ich keinen geeigneten Platz dafür fand. Am Ende legte ich es natürlich doch auf irgendein Regal, und ich erinnere mich noch heute, wie wütend ich war, als ich es nicht fand, als ich es brauchte, und mir woanders eines borgen musste, als hätte ich keines.

Also ging ich nach hinten, um in einer Ecke des Gartens einen kleinen Schuppen zu bauen. Was für eine Überraschung, als ich genau an der Stelle, an der ich meinen Werkzeugschuppen bauen wollte, einen Anbau vorfand, der um einiges größer war als das, was ich bauen wollte: einen Raum voller Werkzeuge.

Dieser Raum war immer dort gewesen, und keine Ahnung, wieso, aber dort lagen meine verschwundenen Werkzeuge einträchtig neben anderen, von denen ich nicht einmal wusste, wozu sie dienten. Wieder andere hatte ich schon bei anderen gesehen, hatte aber nie gelernt, wie man sie benutzte.

Damals wusste ich noch nicht, was ich im Laufe der Zeit herausfand: In meinem Schuppen finden sich ALLE Werkzeuge, und sie alle sind wie durch Zauberhand genau auf mich abgestimmt. Und: In jedem Haus gibt es einen solchen Raum.

Natürlich kann man nicht wissen, dass man über diese Ressource verfügt, wenn man nicht einmal weiß, dass es diesen Raum gibt. Man kann keine komplizierten Werkzeuge verwenden, wenn man sich nie die Zeit genommen hat zu lernen, wie man sie handhabt. Man wird diese magische Gabe nicht zu schätzen wissen, wenn man lieber weiterhin das Werkzeug des Nachbarn ausleiht und vor sich hin jammert, dass man nichts dergleichen zu Hause hat.

Seit dem Tag meiner Entdeckung habe ich nicht aufgehört, um Hilfe zu bitten, wenn ich sie benötigte, doch die erhaltene Hilfe war letzten Endes Mittel zum Zweck, um früher oder später überrascht festzustellen, dass sich das entsprechende Werkzeug in meinem eigenen Haus befand, und dann von dem anderen zu lernen, wie man es richtig handhabt.

Innere Ressourcen sind Werkzeuge, die jedem zur Verfügung stehen. Es gibt keinen, der sie nicht besitzt.

Dabei kommt es nicht darauf an, ob man weiß, dass sie da sind, oder ob man gelernt hat, sie zu benutzen.

Möglicherweise sind einige dieser Werkzeuge in besserem Zustand als andere, die dir wiederum bei anderen Dingen gute Dienste leisten. Aber wir alle haben diesen »Werkzeugschuppen« voller Ressourcen, die völlig ausreichen, so meine ich, wenn wir uns trauen, ihn zu erkunden …

Verführungskraft zum Beispiel ist eine ganz wichtige Ressource, ein Werkzeug, von dem viele glauben, sie besäßen es nicht. Ich hingegen sage: Diese Leute haben nicht richtig gesucht. Wenn jemand in seiner Beziehung zu den anderen nicht auf diese Ressource zurückgreifen kann, hat er ein Problem. Wer nicht wenigstens über ein Minimum an Verführungskraft verfügt, findet nicht nur keinen Partner, er bekommt auch keinen Kredit bei der Bank oder einen Rabatt beim Einkauf.

Verführen heißt nicht, dass man jemandem »den Kopf verdreht«. Es hat etwas damit zu tun, dass man Vertrauen schafft, Sympathie weckt, eine emotionale Verbindung zwischen zwei Menschen herstellt. Verführen hat mit dem emotionalen Aspekt aller zwischenmenschlichen Beziehungen zu tun. Viele glauben, Verführungskraft sei eine angeborene Gabe. Teilweise stimmt das, aber es ist auch etwas, das sich trainieren lässt.

Selbsterkenntnis und Bewusstwerdung

Der Weg zum inneren Wachstum beginnt mit der Selbsterkenntnis und diese wiederum mit der Bewusstwerdung als der entscheidendsten und wichtigsten inneren Ressource.

Je geschickter ich dieses Werkzeug handhabe, desto schneller werde ich auf meinem Weg vorankommen und desto effektiver wird mein Handeln sein.

Aber man wird feststellen, dass es Werkzeuge gibt, die man am besten in Kombination verwendet, und Ressourcen, die sich summieren und gegenseitig optimieren. Die Bewusstwerdung meiner selbst muss mit der Fähigkeit einhergehen, das Außen wahrzunehmen. Wenn ich nicht wahrnehme, was um mich herum geschieht, kann ich keine Einschätzung vornehmen, ich kann keine Schlüsse ziehen, keine Prognose erstellen und nicht so handeln, wie es gut für mich wäre.

Es war einmal ein Vater, der hatte einen Sohn, der war etwas einfältig. Der Vater rief den Sohn zu sich und trug ihm auf:

»Geh zum Laden an der Ecke und schau nach, ob ich dort bin!«

»Wird gemacht, Papa«, sagte der Kleine.

Darauf sagte der Vater zu seinem Freund:

»Siehst du? Er ist so blöd, er kapiert nicht, dass ich nicht dort sein kann, wenn ich hier bin.«

Unterwegs traf der Junge einen Freund.

»Wohin gehst du?«, fragte der Freund.

»Ich gehe zur Straßenecke. Papa hat mich geschickt, ich soll nachsehen, ob er dort ist. Mein Vater ist so dumm! Wie kann er mich losschicken, um nachzusehen, ob er dort ist?«

Und der Freund sagte zu ihm:

»Stimmt. Er hätte ja anrufen können!«

Sich selbst behaupten

Nach der Selbsterkenntnis ist die für mich wichtigste Ressource die Fähigkeit, meinen Standpunkt zu vertreten und meine Person zu behaupten, die Stärke, mich nicht selbst zu verleugnen, um es anderen recht zu machen. Ich spreche von der Fähigkeit, die jeder von uns besitzt: zu seinen Entscheidungen zu stehen, eine eigene Meinung zu haben und die eigenen Räume vor Eindringlingen und Besserwissern zu schützen. In der Psychologie nennt man eine Person asservativ, die in einer Runde, in der sich alle einig sind, aufrichtig und unaufgeregt sagen kann: »Ich bin anderer Meinung.«

Es geht hier nicht um Sturheit, es geht darum, meine Vorstellungen zu äußern und zu ihnen zu stehen. Es geht im weiteren Sinne um die Fähigkeit, Grenzen zu setzen, um die Wertschätzung der Intuition und darum, dass man sich auf seine eigene Wahrnehmung verlässt. Es geht darum, dass man nicht bei der Vorstellung zittert, von den anderen abgelehnt zu werden, mit denen man nicht einer Meinung ist. Es geht um den Mut, der zu sein, der ich bin.

Emotionen

Bevor wir über Gefühle sprechen, müssen wir uns zunächst darauf einigen, was wir darunter verstehen. Wie der Name schon andeutet, ist eine Emotion (E-motion) ein Impuls hin zur Aktion. Jede affektive Antwort ist die Vorstufe zur Mobilisierung jener Energie, die ich benötige, um mich in Bewegung zu setzen. Folglich sind Gefühle Teil meiner inneren Ressourcen; sie sind dort, damit sich etwas in mir bewegt.

Was genau sind diese Ressourcen?

Alles, was ich zu empfinden imstande bin – alles. Die sogenannten guten und die sogenannten schlechten Empfindungen, das Positive und das Negative, Liebe und Hass, Abscheu und Verlangen. Und dahin bringt uns eine Skala von Werten: Zuneigung, Anziehungskraft, Trauer, Ängste, Schuldgefühle und natürlich die Liebe.

Als ich bei Rabbiner Mordechai Ederi die Bibel studierte, wies er uns immer wieder auf scheinbare Widersprüche in der Heiligen Schrift hin, Passagen also, in denen das eine behauptet wurde und kurz darauf das genaue Gegenteil. Mordechai vertrat die Meinung, dass diese Widersprüche absichtlich dort standen, um etwas deutlich zu machen. Ich erinnere mich, dass er eine Bibelstelle zitierte, in der es heißt: »Man kann nur lieben, was man kennt«, und dann eine andere, die lautete: »Man kann nur erkennen, was man liebt« (und das Irritierendste ist, dass beides logisch und stimmig klingt). Es war offensichtlich, worauf Mordechai hinauswollte: Lernt man etwas zuerst kennen und dann lieben, oder liebt man es zuerst und lernt es dann kennen?

Wir lernten von ihm, dass dieser Widerspruch vielleicht dazu da ist, um uns klarzumachen, dass beides gleichzeitig geschieht. Man lernt etwas kennen und lieben zur gleichen Zeit, und je besser man es kennt, desto mehr liebt man es, und je mehr man es liebt, desto besser lernt man es kennen. Mit anderen Worten: Ich kann nichts lieben, das ich nicht kenne, und ich kann nichts kennenlernen, das ich nicht liebe.

Die Liebe ist ein Weg, den man vom Anfang bis zum Ende gehen muss, aber fürs Erste möchte ich nur auf die Notwendigkeit hinweisen, dass ich mir darüber im Klaren sein muss, dass ich, um die Welt wahrzunehmen, in der ich lebe, auf meine affektiven Fähigkeiten angewiesen bin. Wieso sollte ich mir die Mühe machen, die Welt da draußen kennenzulernen, und Risiken einzugehen, wenn ich mich nicht zugleich in der Lage fühlte, sie zu lieben?

Noch einmal: Eine Ressource ist ein inneres Werkzeug, das uns dabei hilft, auf unserem Weg voranzukommen.

Die Liebe ist also ein besonders wertvolles Werkzeug, um in mir den Wunsch zu wecken, den Weg weiterzugehen.

Gefühle empfindet man, ob es einem gefällt oder nicht, ganz gleich, ob der Wunsch, sie zu empfinden, mehr oder weniger stark ist, sie existieren unabhängig von der eigenen Entscheidung. Aber auch wenn ich nicht Herr über meine Gefühle bin, kann ich doch Herr über das sein, was ich aus meinen Gefühlen mache. Ich kann sie mir zu eigen machen, und wenn ich mir verantwortungsvoll das zu eigen mache, was ich empfinde, ist das vielleicht das wahre Werkzeug.

Annehmen

Das spanische Wort *conformar* bedeutet nicht nur »sich mit etwas zufriedenzugeben«, sondern im eigentlichen Wortsinn, sich an eine neue Form anzupassen oder die Form von etwas anderem anzunehmen. Sich mit etwas zufriedenzugeben, so meine ich, sollte für uns ebenfalls zwei Bedeutungen haben: eine starke, konstruktive und eine dunkle, destruktive. Die positive Form des Sich-Abfindens heißt Akzeptieren, die negative heißt Resignation. Ich kann mich zufriedengeben, indem ich die Dinge akzeptiere, wie sie sind, oder ich kann mich zufriedengeben, indem ich resigniert hinnehme, dass die Dinge sind, wie sie sind.

Wenn ich etwas akzeptiere, sage ich:

»Es ist, wie es ist. Was kann ich tun, um mit dieser Realität zurechtzukommen?«

Resigniere ich hingegen, beiße ich die Zähne zusammen und sage: »So eine verfluchte Scheiße! Es ist, wie es ist, und ich muss es aushalten.«

Der Unterschied beruht darauf, dass ich, wenn ich etwas akzeptiere, keinerlei Zwang verspüre, etwas ändern zu müssen. Resigniere ich hingegen, bleibe ich zwanghaft in meinem Unmut verhaftet, indem ich mir sage, dass ich das, was geschieht, aushalten muss, während ich mich in Wirklichkeit nur wegducke in der Hoffnung, dass die Situation und die Umstände sich ändern, oder aber mich zusammenreiße, um meinem Ärger später Luft zu machen.

Manche glauben, dass man sich so oder so mit den Dingen abfinden muss, ganz gleich, ob man sie nun akzeptiert oder vor ihnen resigniert. Andere – so wie ich – finden hingegen, dass Akzeptieren ein wünschenswerter Weg ist, Resignation hingegen nicht.

Mit Sicherheit passieren im Leben eines jeden Dinge, die man niemals akzeptieren kann. In diesen Fällen bleibt einem nur, sich mit ihnen abzufinden. Wenn jemand beispielsweise durch solch einen unermesslichen Schmerz gegangen ist, wie ihn der Tod eines geliebten Menschen darstellt, wie könnte er so etwas wirklich akzeptieren? In diesem Fall, wenn einem zunächst nichts weiter übrigbleibt, als sich abzufinden, scheint Resignation der einzige Ausweg zu sein. Im *Buch der Trauer* werden wir auf diesen Punkt zurückkommen.

Wir könnten ewig über das Thema Ressourcen sprechen; für den Augenblick mag diese kleine Liste all jener Werkzeuge genügen, die ich in meiner Werkzeugkammer und der aller Menschen, die ich kenne, vorgefunden habe:

Innere Ressourcen

Sich seiner selbst bewusst sein
Sich selbst erkennen
Sich selbst behaupten
Individuelle Fertigkeiten
Gefühle zulassen
Intelligenz
Moralische Prinzipien
Willensstärke
Mut
Verführungskraft
Handwerkliches Geschick
Ausdrucksstärke
Charisma
Der ästhetische Blick
Beharrlichkeit
Lernfähigkeit
Kreativität
Wahrnehmungsfähigkeit
Erfahrung
Intuition
Ethische Einstellung
Die Fähigkeit, Dinge anzunehmen

Dies sind nur einige der vielen Werkzeuge, die sich, lass dir das versichert sein, ganz tief hinten in deinem Haus befinden, in dem Räumchen, das du vielleicht noch nie gesehen hast. Es macht nichts, wenn du sie nicht jeden Tag benutzt; du musst sie nicht hervorholen und dich nicht regelmäßig mit ihnen beschäftigen. Hauptsache, sie sind dort; vielleicht brauchst du sie morgen.

Jeder verwendet diese Werkzeuge so, wie er will.

Gutes Werkzeug ist keine Garantie dafür, dass das, wofür man es einsetzt, eine gute Sache ist.

Wie bei jedem Werkzeug muss man nicht nur wissen, wie man damit umgeht, sondern es zielgerichtet nutzen. Mit denselben Mitteln kann man wunderbare Dinge tun, aber auch Furchtbares anrichten. Wenn ich einen Hammer, eine Säge, Nägel, Schrauben, Holz und Metall habe, kann ich damit ein Haus bauen oder einen Galgen errichten.

Das Ziel ist ein persönliches. Das Werkzeug gibt mir die Möglichkeit, aber das, worauf es ankommt, ist die Absicht dessen, der es verwendet.

6

Die Entscheidung

Die Eroberung der Autonomie

Auf unserem weiteren Weg zur Selbstabhängigkeit müssen wir **autonom** werden, und das ist das vielleicht schwierigste Wegstück.

Was ist mit diesem Wort **Autonomie** gemeint, das so technisch klingt und das wir im Allgemeinen mit Politik, Luftfahrt oder den strategisch operierenden Abteilungen von Institutionen verbinden, aber so gut wie nie mit gewöhnlichen Menschen.

Das Wort *Autonomie* setzt sich aus zwei Begriffen zusammen: Auto-nomie. Die Endung -nomie geht auf das griechische *nómos* zurück, was so viel heißt wie Gesetz, Norm, Regelhaftigkeit, und umfassender auf *nomia*: Lehre von den Gesetzen, Normen und Regelhaftigkeiten einer bestimmten Materie (so ist die *Astronomie* die Lehre von den Erkenntnissen über die Gesetzmäßigkeiten der Sterne und ihrer Bewegungen, *Ökonomie* die Systematisierung des Wissens rund um das *oikos*, was so viel heißt wie Haus, Umgebung usw.). Der Wortanfang ist das uns bereits bekannte *auto*, was so viel bedeutet wie *durch einen selbst, aus sich selbst heraus*.

Autonom im etymologischen Sinne ist derjenige, dem es gelingt, die eigenen Normen, Regeln und Gewohnheiten einzuordnen, zu systematisieren und ihnen gemäß zu entscheiden. Wenn ich selbstabhängig sein will, muss ich zunächst den

Mut haben, autonom zu sein, das heißt, meine eigenen Richtlinien aufzustellen und nach ihnen zu leben.

Das setzt nicht zwangsläufig voraus, dass man nach dem Gesetz des Dschungels lebt, denn dass man sich eigene Regeln schafft, muss nicht heißen, dass man die geltenden Regeln der Gesellschaft missachtet, ablehnt oder verachtet. Meine eigenen Regeln können sich auch mit den Regeln der anderen decken.[9]

Tatsächlich kann ich mir die Regeln ansehen und sie als richtig für mich befinden, als ganz und gar im Einklang mit dem, was ich denke und glaube; dennoch ist es wichtig, dass ich die Möglichkeit habe, sie kritisch zu prüfen, für mich in Frage zu stellen oder zu ersetzen.

In einer Gesellschaft zu leben bedeutet, einen Teil der Aufgabe darin zu sehen, sich mit jenen zu umgeben, die aus freien Stücken dieselben Regeln wie ich gewählt haben.

Dieselben Normen zu haben wie die Gesellschaft, in der ich lebe, ist ein Weg, ein sorgloseres, glücklicheres Leben zu führen, denn es ist schwierig, gegen den Widerstand aller anderen glücklich zu sein.

Ein Mann fährt in falscher Richtung über die vielbefahrene Avenida Santa Fe mitten im Stadtzentrum von Buenos Aires.

Da hört er im Autoradio die Warnung des Verkehrsfunks: »Achtung Autofahrer! Auf der Avenida Santa Fe ist ein Geisterfahrer unterwegs.«

---

9 Als in Argentinien in den 8oer Jahren das Scheidungsrecht eingeführt wurde, geschah etwas schier Unglaubliches. Die Kirche und konservative Kreise unkten, dass sich nun alle scheiden lassen würden … Dem widersprachen Juristen und auch wir Psychologen entschieden; schließlich sei das Gesetz keine Verpflichtung zur Scheidung, sondern lediglich eine Option. Niemand ist gezwungen, etwas nur deshalb zu machen, weil er die Möglichkeit dazu hat.

Der Mann schaut nach vorne und ruft:
»Einer? Ha! Tausende!«

Ich kann meine eigenen Regeln festlegen und vollkommen selbstbestimmt sein, aber das bedeutet nicht, dass man auf die Gesetze pfeift. Im Ernstfall erlaube ich mir, sie in Frage zu stellen.

Ich kann meine Regeln auf mein eigenes Leben anwenden, aber das hat nichts damit zu tun, dass ich dir meine Regeln aufzwinge.

Es gibt da eine Anekdote aus dem Leben von Fritz Perls, die mich immer fasziniert hat.

Fritz Perls war damals in den USA bereits ein bekannter Psychotherapeut.

Eines Samstags findet im evangelischen Gemeindezentrum im kalifornischen Big Sur eine Tagung mit den Hauptvertretern der vier großen psychotherapeutischen Schulen der USA statt. Anwesend sind Carl Rogers, B. F. Skinner, Carl Whitaker und Perls selbst.

Die Tagung soll um zehn Uhr beginnen. Fritz Perls kommt (wie immer), Entschuldigungen murmelnd, ein wenig spät. Er trägt seinen üblichen zerknitterten beigen Blouson (er sagte immer, es sei unsinnig, abends die Kleider auszuziehen, wenn man vorhabe, sie am nächsten Morgen wieder anzuziehen) und Ledersandalen. Sein langer Prophetenbart ist ungekämmt, das schüttere Haar vom Wind zerzaust.

Die Organisatoren kündigen den Beginn der Vorträge an. Carl Rogers spricht als Erster.

Auf sein Pult gestützt, hört Perls sehr interessiert zu. Ganz in Gedanken, holt er ein Zigarettenpapier aus der Brusttasche seines Jacketts, dreht sich eine Zigarette, zündet sie an und folgt aufmerksam dem Vortrag, während er große, weiße Rauchwolken ausstößt.

Auf einmal tritt ein Mann von der Kirchengemeinde an ihn heran und flüstert ihm zu:

»Verzeihung, Doktor Perls, aber das hier ist ein Gotteshaus, Rauchen ist hier nicht erlaubt.«

Perls drückt die Zigarette sofort auf einem Blatt Papier aus und sagt:

»Entschuldigen Sie, das wusste ich nicht.«

Einige Minuten später verschwindet Perls unauffällig in Richtung Vorraum.

Rogers beendet seinen Vortrag. Fünfhundert Ärzte und Psychologen applaudieren ihm. Als Nächstes spricht Skinner. Dem Mann vom Gemeindezentrum fällt auf, dass Doktor Perls nicht wieder zurückgekehrt ist. Er geht in den Vorraum, um ihn zu suchen; er muss seine Zigarette mittlerweile aufgeraucht haben, aber er sieht ihn nirgendwo. Er schaut auf den Toiletten nach, aber auch dort ist er nicht. Der Mann tritt auf die Straße, aber der Gast ist verschwunden. Besorgt ruft er bei Perls zu Hause an, um die Familie über den Vorfall zu informieren.

Perls selbst hebt ab.

»Hallo?«

Der Mann erkennt seine markante raue Stimme.

»Doktor Perls? Was machen Sie da?«

»Ich wohne hier«, antwortet Perls.

»Aber Sie sollten hier sein, nicht zu Hause«, argumentiert der Mann, ein wenig außer sich.

»Entschuldigung, aber waren nicht Sie es, der mir sagte, man dürfe dort nicht rauchen?«

»Ja. Und?«

»Ich rauche. Ich bin Raucher. Und Orte, an denen nicht geraucht werden darf, sind nichts für mich.«

»Okay, Doktor. Wenn es so wichtig für Sie ist ...«

»Nein. Es ist nicht meine Art, mich über geltende Vorschriften hinwegzusetzen. Das finde ich nicht richtig.«

»Es ist auch nicht richtig, dass die Leute, die Sie hören wollten, Ihren Vortrag jetzt nicht hören können.«

»Das stimmt, aber das liegt nicht in meiner Verantwortung. Die Leute, die mich eingeladen haben, hätten mir sagen müssen, dass ich dort nicht rauchen darf. Dann hätte ich Ihnen gesagt, dass sie nicht mit mir rechnen können. Jetzt lässt sich nichts mehr ändern.«

Für mich spricht aus dieser Haltung ein Loblied auf die individuelle Freiheit, aber auch Respekt vor den Entscheidungen der anderen.

Denn wenn ich autonom bin, kann ich nur aus meiner Freiheit heraus entscheiden, auch wenn ich einen Preis dafür bezahlen muss.[10]

Es sieht ganz danach aus, als würde sich unsere Fragestellung jetzt verschieben. Nachdem wir die Autonomie definiert haben, stellt sich nun die Frage, was wir unter Freiheit verstehen.

Wenn man anfängt, über dieses Thema nachzudenken, taucht fast immer zuerst der folgende Gedanke auf:

Frei zu sein heißt, tun und lassen zu können, was man will.

Und die Frage, die daraus folgt, lautet: Gibt es die Freiheit wirklich?

Denn wir wissen, dass niemand »alles« tun kann, was er will …

Also kann niemand völlig frei sein.

---

10 Angeblich entschlossen sich nach diesem Vorfall viele Organisatoren, Doktor Perls nicht mehr einzuladen. Man kann davon ausgehen, dass diese Entscheidung die Verbreitung der Gestalttherapie und die Beliebtheit des von ihm geschaffenen therapeutischen Modells nicht eben befördert hat.

Wenn wir kurz innehalten, bleibt uns nichts anderes übrig, als zu dem schrecklichen Schluss zu kommen, dass wir nicht frei sein können. Zumindest nicht völlig frei.

Wir werden uns mit dem Gedanken trösten, dass wir uns zumindest einige Freiheiten erkämpfen können.

Die Freiheit der Gedanken, zum Beispiel.

Vielleicht ein wenig eingeschränkt durch unsere Erziehung und noch mehr beeinflusst durch die öffentliche Meinung, glaube ich doch, dass wir uns darauf einigen könnten, dass wir die absolute Freiheit haben, zu denken, was uns in den Sinn kommt, ohne Einschränkungen, ohne Zensur, ohne Hindernisse.

Aber meinen wir wirklich diese Art von Freiheit, wenn wir uns die Frage stellen, ob wir frei sind? Es scheint nicht so. Denn wenn wir den Freiheitsbegriff auf das Denken reduzieren, würden wir eine ganze Reihe wichtiger Aspekte außer Acht lassen, die grundlegend zu unserem Leben gehören, das glücklicherweise mehr mit Handeln als mit Denken zu tun hat. Wenn etwas mein Verhältnis zur Welt definiert, dann ist es viel mehr das, was ich tue, als das, was ich denke. Im besten Fall ist es das, was ich aus meinem Denken mache.

Hier stellt sich nun die folgende Frage:

Was hilft mir die Freiheit der Gedanken, wenn ich nicht frei handeln kann?

Wenn ich mich lediglich mit der Freiheit des Denkens zufriedengebe, hat das zur Folge, dass ich keinen Raum habe, um mein Leben zu leben. Es wäre, als schaffe man eine virtuelle Welt mit unendlich vielen Als-ob-Programmen. Eine Phantasiewelt ohne Überraschungen, deren bestimmende Figur der eigene Intellekt ist. Eine »schöne neue Welt« wie bei Huxley, absolut vorhersehbar und todlangweilig.

Ein Theaterstück mit endlosen Proben, das nie zur Aufführung kommt.

Die Freiheit des Denkens ist sehr wichtig, aber wir gewinnen nichts, wenn wir nicht imstande sind, etwas aus unseren Gedanken zu machen, sie in Handlung umzusetzen, und sei es nur im kleinen Rahmen für uns selbst.

Das Handeln wiederum kann unseren Standpunkt verändern, es kann uns mit Unvorhergesehenem überraschen und seinerseits unser Denken verändern.

In einem meiner Vorträge zu diesem Thema sagte ein junges Mädchen:

»Bei Erwachsenen ist das oft so. Sie denken die ganze Zeit.« Und daran ist viel Wahres.

Ich habe nichts gegen das Denken, ich sage lediglich, dass die Freiheit des Denkens für sich genommen zu nichts führt. Sie ist keine Freiheit, mit der man prahlen könnte.

Worauf es ankommt, das ist die Freiheit des Handelns. Die Freiheit, etwas zu tun.

Wenn wir anerkennen, dass »man nicht alles tun kann, was man will«, müssen wir uns damit abfinden, dass es die absolute Freiheit nicht gibt.

Nun haben wir drei Möglichkeiten:

Wir können zu dem Schluss kommen, dass eine Freiheit mit Einschränkungen keine Freiheit ist und folglich das Konzept der Freiheit eine Fiktion ist.

Oder wir können den Standpunkt vertreten, dass es zwar keine absolute Freiheit gibt, eine relative, eingeschränkte Freiheit aber dennoch Freiheit ist.

Oder wir können uns auf die Suche nach einer weiteren Alternative machen.

Die erste Möglichkeit möchte ich so schnell wie möglich vergessen, denn ich will mich nicht mit dem Gedanken anfreunden, dass die Freiheit eine Fiktion ist. Nichtsdestotrotz sehe ich die ersehnte Freiheit als ein binäres Gut an: Entweder man ist frei, oder man ist es nicht. Ich finde es nicht angemessen, von der Existenz einer »Beinahe-Freiheit« auszugehen. Ist es so wie bei einem Lichtschalter: An oder aus? Ja oder nein? Oder ist die Freiheit so, wie die meisten Menschen meinen, eine Frage von Abstufungen? Kann man freier, frei oder weniger frei sein? Wie viele Grade von Freiheit gibt es? Sechs? Acht? Fünfundzwanzig? Ist es eine Frage von »mehr« oder »weniger«, so eine Art Widerstandsmesser? Kann man halb frei sein?

Wenn wir keine andere Lösung finden, müssen wir die Möglichkeit in Betracht ziehen, dass wir hier von einer dieser abstrakten Tugenden sprechen, die theoretisch völlig eindeutig, in der Praxis jedoch unerreichbar sind.

Carlitos, vierzehn Jahre alt, ist nicht nur der neue Lehrling, sondern auch der Lieblingsneffe von Don Alberto, Besitzer und Vorstandsvorsitzender eines großen Metallunternehmens.

Als er um neun Uhr morgens auf einen Milchkaffee bei seinem Onkel im Vorstandsbüro sitzt, erzählt Carlitos:

» Weißt du, Onkel, ich gehe doch abends zur Berufsschule. Gestern hat uns die Lehrerin das Konzept von Theorie und Praxis erklärt, aber ich habe nur Bahnhof verstanden. Sie hat gesagt, wenn wir es nicht verstehen, sollen wir es uns an einem Beispiel veranschaulichen, aber mir fällt nix ein. Kannst du mir ein Beispiel nennen, damit ich es verstehe?«

»Ja, Carlitos. Mal sehen … Geh in die Kantine und sag María, der Köchin, sie soll ganz ehrlich sein. Sag ihr, es gibt da einen Kunden, der mit ihr schlafen will und uns hunderttausend Dollar für eine Nacht bietet. Frag sie, ob sie für zehntausend Dollar mit dem Kunden ins Bett gehen würde.«

»Aber Onkel …«

»Geh schon, Junge, los.«

Der Junge stellt seine Frage, und die Köchin, eine hübsche, dunkelhaarige Mittvierzigerin, sagt zu ihm:

»Zehntausend Dollar! Weißt du, die Situation ist nicht ein-

fach ... Mein Mann arbeitet so viel, und die Ausgaben sind hoch. Also ... ja, ich würde es schon machen. Aber nur, um ihm zu helfen.«

Der Junge geht wieder zu seinem Onkel und erzählt ihm erstaunt:

»Sie hat ja gesagt, Onkel. Die Köchin hat ja gesagt.«

»Gut. Jetzt geh zum Empfang und sprich mit der Blonden im Minirock. Sag ihr, sie soll ganz ehrlich sein. Dann erzählst du ihr, dass ein Fest für zwei auswärtige Kunden stattfindet und dass sie hunderttausend Dollar zahlen würden, wenn wir so eine Blondine wie sie für eine Nacht auftreiben würden. Frag sie, ob sie für einen Scheck über zehntausend Dollar mit den beiden ins Bett gehen würde.«

»Aber Onkel, Maribel hat einen Freund ...«

»Frag sie trotzdem.«

Nach einer Weile kommt der Junge verblüfft zurück.

»Onkel Alberto, sie hat ja gesagt ...«

»Sehr gut, mein Junge. Und jetzt pass gut auf: In der ›Theorie‹ könnten wir zweihunderttausend Dollar verdienen. Aber in der ›Praxis‹ ist es nur so, dass wir zwei Flittchen in der Firma haben.«

Entweder ist **die** Freiheit ein theoretischer Mythos, der in der Praxis nicht existiert, oder die Freiheit existiert, ist aber an bestimmte Voraussetzungen gebunden.

Das Problem ist: Wenn wir die Einschränkungen dieser Freiheit festlegen, landen wir wieder an dem unerwünschten Punkt, dass die Freiheit nicht existiert.

Und ohne Freiheit keine Autonomie.

Und ohne Autonomie keine Selbstabhängigkeit.

Und wenn es keine Selbstabhängigkeit gibt und wir zudem wissen, dass es auch keine Unabhängigkeit gibt, bleibt uns nichts anderes als die Abhängigkeit ...

Und dann hätten wir den Weg bis hierhin umsonst gemacht.

Ich weigere mich, das hinzunehmen!!!

Sehen wir nun, was passiert, wenn wir eine eingeschränkte Freiheit in Betracht ziehen:

Einschränkungen durch wen?

Wer entscheidet, was »man« machen darf und was nicht?

Die Antworten, die ich für gewöhnlich auf diese Fragen finde, ließen sich hypothetisch so zusammenfassen: Es gibt einerseits gesellschaftliche Vorgaben (d. h., dass man dem Gesetz verpflichtet ist) und andererseits persönliche Richtlinien (die eher mit gesellschaftlicher Moral zu tun haben).

Jedenfalls kommt bei meinen Lesungen immer die klassische Antwort, dass die Freiheit des Einzelnen da aufhört, wo die Freiheit des anderen anfängt.

Es gibt nicht viele Dinge, die man aus der Schule in Erinnerung behält:

Die großen Schlachten der Weltgeschichte.

Die Familie der Algen, Moose und Flechten.

Und eben diesen magischen, alles erklärenden Satz: Die Freiheit des Einzelnen endet dort, wo die Freiheit des anderen anfängt.

Ich finde das reizend und nostalgisch, aber ich glaube, so funktioniert Freiheit nicht.

Meine Freiheit endet nicht dort, wo die Freiheit eines anderen anfängt.

Nebenbei bemerkt trügt uns unsere Erinnerung hier, denn in dem Satz geht es um die Rechte des Einzelnen, nicht um Freiheit.

Deine Rechte beschneiden meine Freiheit nicht; sie bestimmen allenfalls die gesetzlichen Folgen dessen, was ich aus freiem Entschluss tue. Das heißt, die Rechtsprechung und das

Gesetz legen die Strafe fest, wenn ich etwas Verbotenes tue, aber sie verhindern keineswegs, dass ich es tue.

Wenn Freiheit bedeutet, innerhalb gewisser Grenzen zu tun, was man will, diese Grenzen jedoch von den anderen festgelegt werden, ist die persönliche Freiheit letztendlich davon abhängig, was der andere mir zu tun erlaubt. Das Grundprinzip der Freiheit geht verloren und nähert sich gefährlich den Formen der Abhängigkeit an, über die wir zuvor sprachen …

Wenn wir diesem Denkmodell weiter folgen, kehren wir zu der Vorstellung zurück, dass Freiheit von den anderen definiert wird; und es ist, glaube ich, offensichtlich, dass diese Freiheit große Ähnlichkeit mit der Sklaverei hat. Selbst wenn dieser andere nett und verständnisvoll sein sollte, sogar wenn er unpersönlich und demokratisch ist, und auch wenn er die ganze Gesellschaft und kein Individuum ist.

Stellen wir uns einen Sklaven vor, der einem sehr gütigen Herrn gehört. Einem Herrn, der ihm fast alles gestattet, was er möchte. Einem Herrn also, der ihm viele Freiheiten gewährt, die den meisten Sklaven anderer Herren versagt bleiben und die derselbe Herr seinen übrigen Sklaven verweigert. Frage: Ändert diese Vorzugsbehandlung etwas daran, dass wir diesen Zustand Sklaverei nennen? Die Antwort lautet ganz offensichtlich NEIN.

Wenn andere darüber entscheiden, was ich machen darf und was nicht, dann bin ich nicht frei, ganz gleich, wie aufgeschlossen und großzügig mein Herr ist.

Ob wir es wahrhaben wollen oder nicht: Wir sind frei, Dinge zu tun, die gegen die gesellschaftlichen Normen verstoßen. Die Gesellschaft kann lediglich rückwirkend strafen oder im Vorfeld vor den Konsequenzen warnen, die es nach sich zieht, wenn man das wählt, was laut Gesetz und gesellschaftlichen Vorgaben untersagt ist.

Also kann man diese Entscheidung nur jedem Einzelnen überlassen.

Von diesem Standpunkt aus wird jeder Einzelne abwägen, was er denkt, was er will und was ihm möglich ist, und danach entscheiden, was er tut.

Die gesellschaftlichen Vorgaben, die anerzogene Ethik und die vorgegebene Moral lassen uns manchmal glauben, dass man etwas, das dem Nächsten schadet, »nicht machen kann«. Noch näher käme man der Sache mit dem alten englischen Sprichwort, das mir Julio und Nora mal beibrachten: *I could ... but I shouldn't.* (Was sich übersetzen ließe mit: Ich könnte ... aber ich sollte nicht.)

Ich persönlich glaube, dass es noch weiter geht, und ich sage: Ich »kann«, und wenn ich es mache, sagt das etwas über mich aus. Mehr noch: Wenn ich mich in dem Wissen, dass ich etwas tun »kann«, dafür entscheide, es nicht zu tun, weil es dir schadet, dann sagt auch das etwas über mich aus.

Eine andere weit verbreitete Annahme ist, dass unsere persönliche Geschichte, die verinnerlichten Vorschriften unserer Eltern, uns in unserer Freiheit einschränken. Das mag hinderlich sein, ist aber sicher keine Sklaverei. Schließlich habe ich die Wahl, diese Vorschriften zu akzeptieren, sie in Frage zu stellen oder abzulehnen. Ich kann mich sogar entscheiden, alles daran zu setzen, mich ganz und gar von ihnen loszusagen.[11]

Deine Geschichte ist ein Teil von dir; sie ist in dir. Du hast sie dir nicht ausgesucht, aber sie bestimmt dein Leben, ist in dir verankert.

Meine Geschichte, die der Grund dafür ist, dass ich lieber Birnen esse statt Pfirsiche, weil es bei mir zu Hause Birnen

---

11 Ich kann sogar reagieren, indem ich das genaue Gegenteil dessen tue, was man mir mitgegeben hat. Allerdings wäre auch das eine Form der Abhängigkeit, eine Art »negativer Gehorsam«.

gab, beeinflusst meine Entscheidung, aber sie hindert mich nicht daran, zu wählen. Sie ist ein Teil von mir, und ich bin derjenige, der diese Wahl trifft, auch wenn es mir weiterhin jederzeit freisteht, mich für eine andere Frucht zu entscheiden. Meine Konditionierung besteht darin, dass ich dazu tendiere, immer dasselbe zu wählen, nicht darin, dass ich nicht wählen könnte. Und das sind zwei ganz verschiedene Dinge.

Meine persönliche Geschichte kann meine Entscheidung beeinflussen, aber sie nimmt mir nicht die Möglichkeit zu wählen.

Wenn du allerdings glaubst, nicht tun zu können, was du willst, obwohl du die Wahl hast, bist du nicht frei.

Unabhängig davon gibt es tatsächlich Dinge, die ich nicht tun kann. Ich kann nackt über die Straße laufen oder meinen Chef bei der Bank beleidigen, aber ganz gleich, wie frei ich bin, ich kann nicht aus dem offenen Fenster fliegen.

Das heißt, wir müssen akzeptieren, dass es ganz konkrete, fassbare Grenzen gibt.

Ist wahre Freiheit also eine unerreichbare Illusion?

Was ist das für eine Freiheit, die immer von irgendetwas abhängt?

Hier befinden wir uns in einer Zwickmühle, über die schon manch einer vor uns nachgegrübelt hat.

Und damit haben wir den erwünschten Ausgangspunkt der Erkenntnis erreicht: den Zustand der Verunsicherung.

Manchmal kommt es mir so vor, als ob ich deshalb schreibe. Um alle anderen zu verunsichern, um nicht alleine zu sein in meiner eigenen Verunsicherung, um herauszufinden, ob wir so gemeinsam zu einem Punkt gelangen, der uns weiterhilft.

Ich glaube fest daran, dass man nur über philosophische Themen sprechen kann – und die Freiheit ist ein philosophisches Thema, kein psychologisches –, wenn man verunsichert ist.

Denn wenn du eine eindeutige Meinung zu etwas hast und diese Überzeugung davon abhängig ist, dass du sie niemals revidierst, ist das Beste, was dir passieren kann, dass du anfängst, die Dinge in Frage zu stellen. Eine unserer wichtigsten Ressourcen ist die Fähigkeit, verunsichert zu sein. Nur so entsteht Raum für neue Wahrheiten. Wenn man nicht in der Lage ist, Verunsicherung angesichts alter Überzeugungen zu empfinden, kann man nichts Neues entdecken.

Neues zu entdecken hat etwas mit Neugier zu tun.

Neugier hat damit zu tun, dass man sich überraschen lässt.

Und sich überraschen lassen heißt, sich verunsichern zu lassen.

Das Wunderbare, das uns widerfährt, wenn wir uns fragen: »Wie kann es sein, dass ich damals so dachte und heute nicht mehr?«, ist also, dass wir verunsichert sind.

Diese Verunsicherung entsteht, weil wir uns in einer *Aporie* befinden, wie es bei Alexander von Aphrodisias heißt, einer ausweglosen, widersprüchlichen Situation.

Wieder einmal kommt mir der argentinische Karikaturist Landrú zu Hilfe: »Wenn du in einer Sackgasse steckst, dann geh genauso zurück, wie du reingekommen bist.«

Alles Nachdenken darüber, was wir tun können, um den umfassenden Freiheitsbegriff vom Anfang zu halten, ist in sich falsch. Denn wenn wir das wollen, gehen wir von einer falschen Vorstellung aus, selbst wenn wir unterwegs richtige Schlüsse gezogen haben.

Der Irrtum ist, dass wir Freiheit mit Allmacht verwechseln.

Denn die Definition, von der wir ausgegangen sind (»Freiheit bedeutet, zu tun und zu lassen, was man will«), ist die Definition von Allmacht, nicht von Freiheit.

Und wir sind nicht allmächtig.

Niemand kann alles machen, was er will.

Ich kann mir noch so sehr wünschen, dass meine Haare blond werden, ohne dass ich sie färbe, es wird nicht geschehen. Und warum? Weil es nicht in meinen Möglichkeiten liegt. Aber deshalb höre ich nicht auf, frei zu sein. Genauso wenig kann ich fliegen, ich kann nicht verhindern, dass ich eines Tages sterbe, ich kann die Zeit nicht anhalten, ich kann Tausende von Dingen nicht, und trotzdem höre ich nicht auf, frei zu sein.

Neben kulturellen, gesellschaftlichen und moralischen Beschränkungen gibt es **physikalische Grenzen**, die mich daran hindern, das zu tun, was ich will.

Freiheit definiert sich also durch die Möglichkeit zu wählen, doch die Begrenzungen, die diese Möglichkeit erfährt, beruhen nicht auf den Rechten der anderen, sondern auf dem, was machbar ist.

Was soll aus uns, der menschlichen Kultur, der Gesellschaft im dritten Jahrtausend werden, sofern wir stur daran glauben, frei zu sein heiße, allmächtig zu sein?

Mehr oder weniger tragen wir alle diese Vorstellung von Freiheit in uns und fragen uns aus unserer Überheblichkeit heraus: Wenn ich frei bin, warum kann ich dann nicht machen, was ich will?

Und wenn wir nicht alles haben können, was wir uns wünschen, glauben wir lieber, dass wir nicht frei sind, bevor wir akzeptieren, dass die Definition falsch ist und wir nicht allmächtig sind.

Um es nicht zu kompliziert zu machen und alle Zweifel auszuräumen, möchte ich hier meinen Patienten Antonio zitieren, der eines Nachmittags am Ende der Sitzung ironisch feststellte: »Damit muss man sich abfinden … Es gibt Sachen, die kann NICHT MAL ICH machen!!!«

Noch einmal … Wir sind nicht allmächtig, weil es Dinge gibt, die wir ganz offenkundig nicht verwirklichen können.

Und diese Dinge haben nichts mit Gesetzen, herrschenden Normen, Beschränkungen, Erziehung oder Kultur zu tun.

Tatsächlich mag man so vermessen sein zu denken, man sei allmächtig und könne alles machen, was man will. Gott werden. Aber philosophisch und rational betrachtet, ist nicht einmal Gott allmächtig.

Warum? Das oft vorgebrachte Argument, dass Gott ja sonst das Leid in der Welt beenden könne, ist für die Theologie nicht stichhaltig, da das Leiden Teil des göttlichen Plans ist, den der Mensch nicht zu begreifen vermag. Das hieße, Gott wäre sehr wohl allmächtig, und wenn er sich entscheidet, nicht einzugreifen, dann aus Gründen, die uns verborgen bleiben.

Aber es gibt einen Sophismus – eine logisch korrekte Beweiskette, die jedoch zu einem Fehlschluss führt oder nicht als möglich bewiesen werden kann –, den ich immer sehr spannend fand.

Dieser Sophismus behauptet die Unmöglichkeit einer Allmacht:

Erste These: Es gibt einen Gott.

Zweite These: Gott ist allmächtig.

Dritte These: Wenn Gott allmächtig ist, kann er alles.

Vierte These: Gott kann folglich ein winziges Steinchen ebenso erschaffen wie einen riesigen Felsen. Kann Gott einen so großen und schweren Stein schaffen, dass ihn niemand, kein Mensch auf Erden, hochheben kann? Ja. Aber kann Gott auch einen so großen und schweren Stein schaffen, dass nicht einmal er selbst ihn hochzuheben vermag?

Könnte er es nicht, wäre er nicht allmächtig, denn dann gäbe es etwas, das zu tun er nicht imstande wäre. Und könnte er es, dann wäre da ein Stein, den er nicht hochzuheben vermöchte, womit er ebensowenig allmächtig wäre.

Ich bin weit davon entfernt, Gott zu sein, und so gibt es unzählige Dinge, von denen ich weiß, dass ich sie nicht tun kann.

Auch wenn ich mir in diesem Augenblick sehr wünschte, die Augen zu schließen und sobald ich sie wieder öffne, bei Julia in Granada zu sein, liegt das nicht im Bereich dessen, worüber ich de facto entscheiden kann. Was jedoch nicht bedeutet, dass ich deswegen unfrei wäre.

Aber kann ich mich jetzt, obwohl es in Strömen regnet, entscheiden, zu Fuß zu gehen, statt ein Taxi zu nehmen? Ja. Kann ich mich in einer dunklen Gasse verstecken und dem Erstbesten, der vorbeikommt, eins mit dem Knüppel überziehen? Ja. Ob ich es in die Tat umsetze oder nicht, hängt nur von mir ab, nicht von der Einschränkung durch äußere Umstände.

Auf diesem Boden spielt sich die Freiheit ab: Es sind die Entscheidungen, die ich treffe, wenn ich innerhalb dessen, was möglich ist, wähle. Anders gesagt:

Freiheit ist die Möglichkeit, innerhalb des faktisch Machbaren zu wählen.

Diese Definition impliziert, dass man nur unter gewissen Voraussetzungen von Freiheit sprechen kann.

Erste Voraussetzung:

Die Gegebenheiten müssen eine Wahlmöglichkeit zulassen.

Ist es möglich, das zu tun? (Ich frage nicht, ob es wünschenswert ist, ob es schlecht ist, ob der Preis zu hoch wäre oder ob es den anderen passt. Ich frage auch nicht, was passieren würde, wenn sich alle so entscheiden würden, oder ob die Folgen überschaubar wären. Ich frage lediglich: Ist es möglich?)

Faktisch unmöglich ist nur, was aufgrund konkreter Gegebenheiten nicht machbar ist, solche Dinge also, die nicht von uns, unseren Überzeugungen oder der Meinung anderer abhängen.

Stellen wir uns folgende Situation vor.

Ich habe versprochen, drei Spielkameraden meiner Kinder nach Hause zu bringen. Es ist zwanzig vor neun, und ich muss alle bis neun Uhr zu Hause abliefern. Der eine wohnt im Stadtteil Mataderos, der andere in Belgrano, der dritte in Avellaneda.

Unmöglich! Dass ich es nicht schaffe, hängt in diesem Moment nicht von mir ab.

Es ist keine Frage von Freiheiten. Ich habe keinen Einfluss auf die vergehende Zeit und kann, um pünktlich zu sein, die Uhr nicht auf acht Uhr zurückstellen. Und ich kann auch nicht damit rechnen, dass der eine Vater sich irrt und denkt, dass ich erst um zehn komme, obwohl neun Uhr ausgemacht war. Ich habe auch kein Flugzeug statt eines Autos vor der Tür stehen, genauso wie ich keinen Einfluss darauf habe, dass der andere nicht in Belgrano wohnt, sondern in Caballito, oder Avellaneda gleich neben Flores liegt.

Bei diesem Beispiel habe ich die Wahl, wen ich zuerst absetze; ich kann entscheiden, wer pünktlich kommt und wer nicht, ich kann den Weg wählen, den ich fahre, und es steht mir frei, anzurufen, um Bescheid zu sagen, dass es später wird. Das alles hängt von mir ab, aber bei dem, was außerhalb meiner Möglichkeiten liegt, habe ich keine Wahl.

Freiheit bedeutet, dich für etwas entscheiden zu können, das innerhalb deiner Möglichkeiten liegt. Um zu wissen, welches deine Möglichkeiten sind, brauchst du ein feines Gespür für das, was möglich und was unmöglich ist.

Wenn ich in meinen Vorträgen über dieses Thema spreche, kommt stets der Einwand: »Aber wenn ich krank oder depressiv bin, habe ich keine Wahl.«

Eine Depression ist eine Erkrankung der Antriebskraft; folglich gibt es Dinge, die ein Depressiver tatsächlich nicht machen kann. Aber auch wenn er nicht die Möglichkeit hat, zu entscheiden, hört er deswegen nicht auf, frei zu sein. Er ist krank, das ist etwas anderes. Und innerhalb des Möglichen hat der Kranke die Wahl, etwas gegen seine Krankheit zu unternehmen oder nicht – etwas, das ein Todkranker nicht kann. Ein Todkranker hat nicht die Wahl, nicht krank zu sein. Krank zu sein oder nicht gehört nicht zu den Dingen, bei denen man eine Wahl hat.

Dass ich eine Ethik habe, die mich in meinem Tun leitet, heißt nicht, dass ich nicht frei wäre. Ich kann frei sein und zugleich an meine Ethik gebunden, weil ich innerlich frei bin, so zu handeln, wie ich will, nur dass ich gewisse Dinge nicht tun will, weil sie gegen meine Moral verstoßen.

Ich treffe eine Entscheidung, die meinen eigenen ethischen und moralischen Vorstellungen entspricht.

Aber mich in meinem Handeln aus Rücksicht auf den anderen einzuschränken, um dir nicht zu schaden oder dich nicht zu verletzen, ist so, als würde ich sagen: »Ich kann dies oder jenes tun, solange es dich nicht stört ...« Wo ist da die Freiheit?

Eine Frau sagte einmal zu mir:

»Ich will diese Freiheit nur, solange kein anderer darunter leidet. Schließlich können meine Freiheit und mein Verhalten den anderen sehr verletzen.«

Und was ist mit mir, der ich darunter leide, dass ich nicht frei bin?

Wenn ich sage, dass man innerhalb des faktisch Möglichen die Wahl hat, das zu tun, was man will, kommt immer jemand und ruft dazwischen: »Man muss Rücksicht auf die anderen nehmen!«

Und ich frage zurück: »Auf was muss man Rücksicht nehmen? Warum muss man Rücksicht nehmen? Das wüsste ich gern.«

Der Zwischenrufer sagt nichts darauf, aber er denkt: »Man muss eben Rücksicht nehmen! Man kann nicht einfach machen, was man will! Auch wenn man wollte und könnte … Das geht einfach nicht!«

Dieses ganze »Das geht nicht! Das darf man nicht! Man muss Rücksicht nehmen!« führt mich zu der Frage: *Muss* ich Rücksicht nehmen, oder treffe ich die *Entscheidung*, Rücksicht zu nehmen?

»Man muss Rücksicht nehmen« ist nämlich nicht dasselbe wie »Ich habe mich entschieden, Rücksicht zu nehmen« …

Und genau das ist der Unterschied zwischen sich frei fühlen und sich nicht frei fühlen: Die Erkenntnis, dass letztendlich ich es bin, der die Entscheidung trifft.

Es ist ein weitverbreiteter Irrglaube, die eigene Freiheit sei eine Zumutung für die anderen. Diese Vorstellung ist eine Folge unserer Erziehung, von der wir uns lösen müssen. Denn die konkrete Tatsache, dass es mir freisteht, einem anderen zu schaden, bedeutet nicht, dass ich das auch tun möchte. Mehr noch: Erst dass ich diese Freiheit besitze, verleiht der Tatsache, dass ich ihm nicht schade, überhaupt Gewicht.

Was meinem achtsamen Verhalten Gewicht verleiht, ist die Tatsache, dass ich mich auch anders verhalten könnte.

Was einer Spende Gewicht verleiht, ist die Tatsache, dass ich nichts hätte geben müssen.

Was dem Umstand Gewicht verleiht, dass ich für eine bestimmte Überzeugung eingetreten bin, ist die Tatsache, dass ich es auch hätte lassen oder aber mich auf die Gegenseite hätte stellen können.

Und, warum nicht: Was dem Umstand Gewicht verleiht, dass ich mit meiner Frau zusammen bin, ist die Tatsache, dass ich, wenn ich es wollte, nicht mit ihr zusammen sein müsste.

Die Dinge sind in dem Maße wertvoll, wie man die Wahl hat. Denn was ist schon verdienstvoll daran, wenn ich das Einzige tue, was mir zu tun bleibt? Das ist kein Verdienst, denn es liegt nicht in meiner Verantwortung.

Kürzlich fragte ich bei einem Vortrag die Zuhörer, was sie ihrer Meinung nach nicht tun könnten. Eine Frau um die fünfzig antwortete:

»Ich kann zum Beispiel nicht einfach aus dem Haus gehen und zurückkommen, so wie es mir passt.«

»Wie kommst du darauf, dass du das nicht kannst? Was hindert dich daran?«, fragte ich sie.

»Mein Mann, meine Kinder, meine Verantwortung … Meine Erziehung«, antwortete sie.

Daraufhin sagte ich zu ihr:

Du spielst in diesem Moment mit dem Gedanken, alles zurückzulassen. Wenn du es nicht tust, dann, weil du dich entscheidest, es nicht zu tun. Das heißt, du entscheidest dich zu bleiben. Noch einmal: Du gehst nicht, weil du *nicht willst*. Du machst Gebrauch von deiner Freiheit. Du weißt, dass du die Wahl hättest zu gehen, aber du gehst nicht. Doch niemand könnte dich aufhalten, wenn du entschlossen wärest zu gehen. Du denkst lieber, dass du es nicht kannst, und bringst dich um die größte Auszeichnung. Eben diese Ausübung der Freiheit ist es, die jeder Entscheidung Wert verleiht. Dein Mann, deine Kinder, deine Enkel, die Gesellschaft, die Dinge, für die du gekämpft hast – natürlich beeinflusst all das deine Entscheidung, aber das ändert nichts daran, dass du die Möglichkeit hast zu wählen. Schließlich haben sich andere Frauen unter den gleichen Voraussetzungen anders entschieden. Denken wir an die Story von *Shirley Valentine* von Willy Russell: Eine Frau bricht aus ihrem Leben aus und reist nach Griechenland, wo sie Costas begegnet, der ihr das bietet, was sie in diesem Moment braucht.

Das zu tun, was von einem erwartet wird, ist auch eine freie Entscheidung und aller Ehren wert. Es ist keinesfalls ein automatischer Vorgang. Dass du auf gewisse Dinge verzichtest, so wie ich auf andere verzichte, ist durchaus anerkennenswert, denn es ist das Ergebnis unserer freien Wahl.

Wir hätten uns entscheiden können, das, was wir haben, zurückzulassen, aber wir haben uns dafür entschieden zu bleiben.

Das ist unser Verdienst, und dafür verdienen wir Anerkennung.

Zweite Voraussetzung:
Es muss zwei oder mehr Optionen geben.

Damit ich eine Entscheidung treffen kann, muss es mehr als eine Option geben.

Die Anzahl der Möglichkeiten hängt von meinen Voraussetzungen und dem Umfeld ab, in dem ich mich bewege, nicht jedoch von der Moral des Umfelds, sondern allein von dem, was im Rahmen des Gegebenen möglich ist.

In welchen Situationen gibt es nur eine Möglichkeit?

Bei einem meiner Vorträge führte jemand die argentinische Militärdiktatur als Beispiel an:

»Man konnte nicht einfach auf die Straße gehen und sagen: ›Ich bin dagegen‹.«

»Doch, konnte man … Daher die vielen Toten«, widersprach ein Mädchen.

Natürlich konntest du, und weil du es konntest, gab es Menschen, die deswegen gestorben sind.

Und eben weil es eine freie Entscheidung war und andere sich anders entschieden haben, ist diese Entscheidung so hoch zu bewerten.

Auch in einer Diktatur hat man weiterhin die Wahl und muss die Verantwortung dafür übernehmen, wenn man entschieden hat, sein Leben nicht aufs Spiel zu setzen. Das ist kein moralisches Urteil. Ich sage nicht, dass man es hätte tun müssen. Ich sage lediglich, dass jeder seine Gründe hatte, sich so oder so zu entscheiden, und dass jeder weiß, wie er für sich darüber denkt.

Worauf man wirklich keinen Einfluss hat, sind die Gefühle. In dieser Hinsicht hat niemand die Möglichkeit zu wählen, und vor allem ist es schädlich, es zu versuchen. Es ist schädlich, wenn wir uns zwingen wollen, Dinge zu empfinden, die wir nicht empfinden, oder so zu handeln, als empfänden wir sie. Gefühle sucht man sich nicht aus, sie sind einfach da.

In allen anderen Situationen haben wir immer eine Wahl. Selbst in dem extremen Fall, dass mir ein Typ eine Pistole an den Kopf hält und zu mir sagt: »Entweder du bringst ihn um, oder ich bringe dich um«, selbst in diesem Fall habe ich die Wahl.

Ich glaube, wir alle könnten beide Entscheidungen rechtfertigen. Wenn ein Mann auf mich zielt und sagt: »Geld her oder ich schieße«, ist klar, wie die Entscheidung bei jedem von uns ausfallen würde. Und niemand wird sie verurteilen.

»Wenn ich zwischen Geld und Leben wählen müsste, würde ich mich sicherlich fürs Geld entscheiden ...«, würde mein Großvater sagen. »Geld ist das Wichtigste, die Gesundheit kommt und geht ...«

Solange ich ja oder nein sagen kann, bin ich frei.

Wenn mir keine andere Wahl bleibt, als ja zu sagen, bin ich nicht mehr frei.

Wenn mir keine andere Wahl bleibt, als nein zu sagen, bin ich nicht mehr frei.

Aber solange ich eine Option habe, gibt es Freiheit.

Warum?

Weil es mehr als einen Weg gibt, ich also wählen kann.

Wie immer wird jemand einwenden: Und was ist mit den Verhältnissen? Den Vorschriften? Der Erziehung? Der Moral und den guten Sitten? Und dem, was man gelernt hat?

All diese Faktoren schränken natürlich die möglichen Wege ein, sie vermindern die Optionen, so dass ich statt, sagen wir, hundert, nur vier Möglichkeiten habe.

Von der Fülle an Möglichkeiten hängt nicht die Freiheit selbst, sondern das Gefühl von Freiheit ab.

Je mehr Wahlmöglichkeiten ich habe, desto freier fühle ich mich.

Das sieht man deutlich beim Thema Geld.

Warum leben wir in der Vorstellung, dass Geld größere Freiheit verleiht?

Weil es uns mehr Möglichkeiten gibt. Und wenn ich mehr Möglichkeiten habe, fühle ich mich freier. Kein Geld zu haben schränkt meine Optionen unter Umständen stark ein, und dann kann ich mich nicht sonderlich frei fühlen. Dasselbe gilt für das soziale Umfeld, die familiären Strukturen, die Art von Arbeit, die wir machen.

Innere Entwicklung, inneres Wachstum geht mit einer Steigerung des Freiheitsgefühls einher.

Sich weiterzuentwickeln bedeutet, den Raum auszuweiten, den jeder Einzelne einnimmt. Je mehr Raum da ist, desto mehr Möglichkeiten gibt es.

Ich bin nicht automatisch freier, weil ich mich weiterentwickle, aber ich erweitere meine Möglichkeiten und fühle mich deshalb freier.

Wenn es innerhalb des kleinen Raums, den ich einmal einnahm, nur eine Möglichkeit gab und sich in dem größeren Raum, den ich nun einnehme, eine Möglichkeit mehr auftut, dann habe ich die Entscheidungsfreiheit für mich entdeckt.

Denk an die Beziehungen, die du zu anderen Menschen hast. Freunde, die nicht besitzergreifend sind, die dich nicht erdrücken, helfen dir, dich freier zu fühlen. Mit einem besitzergreifenden Partner hingegen, der dir die Luft zum Atmen nimmt, fühlst du dich weniger frei, weil die Beziehung dir Möglichkeiten nimmt.

Das heißt, ich fühle mich freier, je mehr Möglichkeiten ich habe, und je weniger Möglichkeiten ich habe, desto unfreier fühle ich mich.

Dritte Voraussetzung:
Die Verantwortung für mein Tun übernehmen.

Ich bin verantwortlich für die Entscheidungen, die ich treffe, eben darum, weil ich mich auch anders hätte entscheiden können.

Ich kann nicht aufhören, frei zu sein, deshalb kann ich auch nicht die Verantwortung für meine Entscheidungen abgeben. Ich kann nicht aufhören, für mein eigenes Leben verantwortlich zu sein.

Wer eine Entscheidung trifft, übernimmt Verantwortung:
»Warum hast du das gemacht?«
»Weil ich es wollte.«

Verantwortung bedeutet, für das einzustehen, was man getan hat.

Dass mich ein anderer darauf hingewiesen oder mir etwas angeraten hat, ändert nichts daran, dass es sich um meine freie Wahl und Entscheidung handelt. Deshalb ist militärischer Gehorsam absoluter Blödsinn. Eine Lüge. Man kann mir alles Mögliche befehlen, aber es liegt immer noch an mir, ob ich den Befehl ausführe oder nicht. Und wenn ich es mache, übernehme ich die Verantwortung für diese meine Entscheidung.

Freiheit ist nicht leicht; manchmal ist sie eine schwere Bürde. Denn wenn ich verantwortlich bin, kann es sein, dass ich mich schuldig fühle, weil ich mich so entschieden habe, wie ich entschieden habe, und es kann mich belasten, dass ich für diese Entscheidung einstehen muss.

Das ist interessant, denn bis hierher wurde die Entscheidungsfreiheit als etwas Angenehmes und Erfreuliches erlebt.

Doch nun haben wir das Gefühl, dass es eine große Erleichterung für uns wäre, wenn wir auf die Möglichkeit, eigene Entscheidungen zu treffen, verzichten und sie an andere delegieren könnten.

Der Wunsch, dass ein anderer uns die Entscheidung abnimmt, ist gleichbedeutend mit der Sehnsucht, wieder ein kleines Kind zu sein, damit andere für uns entscheiden.

Es gibt so viele Menschen, die so leben! Es ist nicht schön, so zu leben, aber diese Leute sind davon überzeugt, dass sie keine andere Wahl haben, weil ihnen die entsprechende Reife fehlt.

Ich behaupte, dass sie der Erkenntnis nicht entkommen können, dass sie frei sind und folglich für alles verantwortlich, was sie tun. Es gibt keinen Weg, dem zu entgehen.

Ganz gleich, was sie glauben, ganz gleich, was sie sagen, ganz gleich, wem sie die Schuld geben.

Ganz gleich, ob sie die Gesetze verantwortlich machen, das Umfeld, die Verhältnisse, die Erziehung oder die geltenden Vorschriften.

Sie selbst sind es, die in jedem Moment über ihr Handeln bestimmen.

Und wenn sie das nicht akzeptieren wollen, dann, weil sie die Verantwortung nicht übernehmen wollen, die es bedeutet, frei zu sein.

Es ist mein Recht und mein Privileg, mich auf mich zu beschränken. Nicht du und nichts auf der Welt hindern mich daran. Ich bin es, der eine Entscheidung trifft.

Auch Selbstbeschränkungen sind Entscheidungen. Als autonomer Mensch setze ich meine eigenen Regeln fest und sage mir: das nicht. Ich höre also nicht auf, frei zu sein, denn es ist meine Entscheidung. Ich bin sogar so frei in meinen Entscheidungen, dass ich heute »nein« zu etwas sagen kann und morgen »ja«.

Wenn sich jemand aus freien Stücken entscheidet, Sklave zu sein, ist er dann frei, oder ist er ein Sklave?

Kann man sich entscheiden, keine Wahl zu haben?

Das ist das alte Paradoxon der Freiheit.

Aristoteles sagt: Wenn ich einen Stein in der Hand halte, habe ich die Wahl, den Stein weiter festzuhalten oder ihn zu werfen. Solange ich den Stein in der Hand halte, habe ich diese beiden Möglichkeiten. Werfe ich den Stein jedoch, habe ich nicht länger die Wahl, ihn zu behalten oder ihn zu werfen.

Es gibt Entscheidungen, die dir neue Möglichkeiten eröffnen, und andere, die dich in deinen Möglichkeiten einschränken.

Wenn einer den Entschluss fasst, Sklave zu sein, sich aber später wieder für die Freiheit entscheiden kann, dann ist er frei, auch wenn er ein Sklave ist. Wenn ich mich entscheide, mich dem Willen und den Wünschen eines anderen zu unterwerfen, bleibe ich frei, solange ich die Wahl habe, etwas an diesem Zustand der Unterwerfung zu ändern.

In der Geschichte von Tristan und Isolde trinkt Tristan irrtümlich einen Liebestrank und verliebt sich unsterblich in Isolde. Sie werden ein Liebespaar. König Marke, dem Isolde versprochen war, sieht sich von Tristan verraten und wirft ihm vor: »Wie konntest du mir das antun? Ich bin dein Freund, und du gehst mit der Frau ins Bett, die meine Gemahlin werden sollte.« Und Tristan entgegnet: »Was fragst du mich? Was kann ich dafür? Frag sie – ich bin der Gefangene meines Herzens, und sie ist meine Herrin.«

In diesem Fall hat sich Tristan nicht willentlich für den Verrat entschieden, da er den Liebestrank zu sich nahm. In dieser Geschichte gibt es keinen freien Willen und folglich auch keine Verantwortung für das eigene Handeln (tatsächlich versteht es der König, als er das hört; er hat Mitleid mit Tristan und verzeiht ihm).

Das Problem ist, dass wir im wahren Leben, das eben kein Mythos ist, immer für unsere Entscheidungen verantwortlich sind, weil es keine Zaubertränke gibt, die uns den Verstand verlieren lassen.

Ich bin der Ansicht, wenn ich mir selbst Grenzen setze, schränke ich mich damit in meinen Wahlmöglichkeiten ein; frei zu sein bedeutet aber, meine Wahlmöglichkeiten zu erweitern. Noch einmal: Frei zu sein heißt, das zu tun, was möglich ist, und das ist klar definiert durch die faktischen Gegebenheiten. Alles hängt von meiner Entscheidung ab, mit der ich mich so annehme, wie ich bin.

Mit den Prägungen, die ein Teil von mir sind.

Mit den geltenden Vorschriften, mit dem, was ich gelernt habe.

Mit den gesellschaftlichen Vorgaben, die ich mitbekommen habe, mit den gesellschaftlichen Mustern, mit meinen Erfahrungen, dem Erlebten, mit allem, was dazu beigetragen hat, dass ich die Person bin, die ich bin.

Heute treffe ich als der, der ich bin, die Entscheidung. Ich bin es, der entscheidet.

Die Freiheit ist es, die uns für unser Tun verantwortlich macht.

Nach einer alten Erzählung des jüdischen Volkes – jedes Volk hat eine solche Geschichte – tötete sich die gesamte Bevölkerung der Festung Masada, um so der Eroberung durch die Belagerer zu entgehen.

Bei den Termiten gibt es eine Gruppe von Tieren, die nichts anderes tun, als zu fressen. Ihre Aufgabe ist es, den Bau zu verlassen, wenn dieser von Spinnen oder Käfern angegriffen wird. In diesem Moment opfern die Termiten ihr Leben und lassen sich fressen. Das heißt, ihr Daseinszweck besteht darin, Feinde davon abzuhalten, in den Bau einzudringen.

Das ist eine wunderbare Sache, aber sprechen wir deshalb vom Heldenmut dieser Ameisen? Sprechen wir von ihrer Tapferkeit?

Nein. Denn diese Ameisen haben keine Wahl, ihr Verhalten ist genetisch festgelegt. Die Bewohner der Festung Masada hingegen hatten die Wahl.

Die Tatsache, dass man sich für oder gegen etwas entscheiden konnte, hat zur Folge, dass ein bestimmtes Verhalten als heldenhaft angesehen werden kann.

Es ist völlig unstrittig, dass uns die konkreten Gegebenheiten Grenzen setzen und es Dinge gibt, die man einfach nicht machen kann. Bleibt die Erkenntnis, dass es keine weiteren Beschränkungen gegenüber anderen gibt als jene, für die wir uns selbst entscheiden.

Deshalb nenne ich diese Etappe der Reise »die Etappe der Entscheidung«.

Es ist ein blödsinniger Gedanke, dass ich nur solche Entscheidungen treffen kann, von denen der andere oder die anderen behaupten, dass sie die einzig möglichen seien – eine Vorstellung, die wir von unserem zweiten Lebensjahr bis zum Ende unserer Schulzeit eingetrichtert bekommen.

Das zeigt, in welchem Maß unsere Erziehung uns verdummt hat.

Es ist schon einige Jahre her, da folgte mein Leben unsagbar konventionellen moralischen Vorstellungen; ich war so sehr in all das eingebunden, was sich gehörte und was nicht, dass ich mir über die Entscheidungen, die ich bezüglich meines Lebens getroffen hatte, überhaupt nicht im Klaren war, obwohl ich schon verheiratet und zweifacher Vater war.

Die Wahrheit ist, dass mir gar nicht bewusst war, dass ich eine Wahl hatte; ich traf keine Entscheidungen, sondern tat das, was mir in gewisser Weise durch meine Kultur und meine Erziehung vorgegeben wurde.

Doch mit dreißig wurde mir klar, dass ich ein Leben lebte, für das ich mich gar nicht selbst entschieden hatte. An diesem Tag musste ich eine Entscheidung treffen; mir blieb gar nichts anderes übrig.

Ich konnte mich entscheiden, alles beim Alten zu belassen oder auch nicht. Das ist Entscheidungsfreiheit.

So wird es vielen Menschen ergangen sein, und nicht immer entscheidet man sich dafür, so weiterzumachen wie bisher. Manchmal entscheidet man sich anders, und dann steht man vor dem ernsten Problem, zu erkennen, dass ein Großteil des bisherigen Lebens die Folge eigener Dummheit war. Man stellt fest, dass viele Wege, die man gegangen ist, in eine falsche Richtung führten, und das ist oft sehr schmerzlich, für einen selbst und für die anderen.

Wir können nur aufhören, moralische Analphabeten zu sein, wenn wir unsere eigene Moral finden und nicht länger glauben, dass andere für uns entscheiden.

Es geht darum, das Bewusstsein jedes Einzelnen dafür zu schärfen, dass es seine Entscheidung ist, was er sich verbieten oder erlauben will.

Es geht darum, die Menschen so zu erziehen, dass sie größere Wahlfreiheit haben.

Es geht darum, keine moralischen Analphabeten hervorzubringen, junge Menschen, die sich, weil sie keine Wahlmöglichkeiten haben, schließlich für die Droge entscheiden.

Man muss sich aber bewusst sein, dass diese »Entscheidung« für die Sucht gar keine ist.

Man muss versuchen, die jungen Menschen zu ent-dummen, damit sie erwachsen werden und selbst entscheiden können, was gut für sie ist und was nicht.

Es geht nicht darum, Drogen zu verbieten. Es geht darum, ihren Reifeprozess zu unterstützen, damit sie sich nicht aus lauter Dummheit in die Geschäfte einiger weniger hineinziehen lassen, die mit Drogen handeln.

Machen wir uns nichts vor: Niemand schert sich darum, was mit den Jugendlichen, mit unseren Kindern passiert. Es geht ihnen nur um das Geld, das an der ganzen Sache dranhängt.

Noch einmal: Es geht nicht darum, Drogen oder Pornofilme zu verbieten. Es geht nicht darum, die Prostitution zu verbieten. Es geht um Kultur, um Information, um Reife. Es geht darum, den Jugendlichen dabei zu helfen, selbst zu denken.

Es gibt viele Wege, Jugendliche zu eigenständigem Denken zu ermuntern. Ich glaube, der beste Weg dorthin ist Freiheit: Indem wir unseren Kindern, unseren Nachbarn, unseren Freunden zeigen, dass Freiheit jeden Tag stattfindet, wenn man in der Lage ist, ja oder nein zu sagen.

Wir sollten bei unseren Überlegungen nicht vergessen, dass es zwei sich gegenseitig ausschließende philosophische Thesen gibt, die uns zu unterschiedlichen Schlussfolgerungen führen könnten: Da sind jene, die glauben, dass der Mensch sich längst selbst vernichtet hätte, wenn es keine Gesetze und Vorschriften gäbe, und da sind die anderen, die behaupten, dass der Mensch wesentlich glücklicher, großzügiger und freundlicher wäre, wenn es keine Gesetze und Vorschriften gäbe.

Wie soll man herausfinden, welche Haltung die richtige ist? Es ist sehr schwer, das zu beurteilen, ohne zuvor eine ideologische Haltung einzunehmen. Unmöglich, zu entscheiden, ob Gesetze und Einschränkungen zum Fortschritt der Menschheit beigetragen haben, indem sie den vermeintlich angeborenen Hang zur Zerstörung zügeln, oder ob es eben dieses aufgezwungene System ist, das einen großen Teil der menschlichen Kreativität und Spontaneität vernichtet, wie die Anarchisten glauben.

Viele Lehrer und der eine oder andere Besucher meiner Vorträge sind der Ansicht, dass das, was ich propagiere, keine Freiheit sei, sondern Libertinage. Libertinage!

Ein Übermaß an Freiheit! Was ist das? Was ist ein Zuviel an Freiheit? Wenn ich zu sehr mache, was ich will? Oder wenn ich das, was ich will, zu exzessiv mache?

Autonomie ist nur für den möglich, der sich entschließt, eine Persönlichkeit zu sein.

Das ist harte Arbeit und trifft natürlich oft nicht auf die Zustimmung der anderen. Denn wie wir gesehen haben, ist die Idee, dass »die anderen« Einfluss auf meine Entscheidungen nehmen, dass ich mich an die Regeln halten muss, die andere mir vorgeben, dass ich machen muss, was »die anderen« sagen, eine verdummende Vorstellung. Es ist das Gegenteil von Entscheidungsfreiheit.

Die konventionelle Erziehung bewegt sich zwischen zwei Polen. Einerseits will sie uns weismachen, dass es keine völlige Freiheit gibt, andererseits versucht sie uns davon zu überzeugen, dass Freiheit darin besteht, das zu tun, »was sich gehört«.

Ich sage: weder das eine noch das andere.

Freiheit ist weder Allmacht noch erzwungener Gehorsam.

Freiheit besteht darin, innerhalb des mir Möglichen eine Entscheidung zu treffen und die Verantwortung für diese meine Entscheidung zu übernehmen.

Eine Entscheidung zu treffen, bedeutet also, meinen Weg zu gehen, um ganz egoistisch den Gipfel des Berges zu erreichen, den zu besteigen ich mich entschieden habe, wie es in den Zeilen von Lima Quintana heißt,

Das ist meine Herausforderung.
Meine Herausforderung, für die ich mich entschieden habe.
Denn ich habe diesen Gipfel gewählt.
Niemand sonst hat es für mich getan.

Es war einmal ein Zimmermann, der sich auf den Bau von Häusern spezialisiert hatte. Er arbeitete für einen Unternehmer, der ihm die vorgefertigten Teile lieferte, die er dann zusammenbaute.

Eines Tages beschloss der Zimmermann, dass er lange genug gearbeitet hatte und es an der Zeit war, sich zur Ruhe zu setzen. Also sprach er mit dem Unternehmer und erzählte ihm, dass er in den Ruhestand treten werde. Da er noch ein Haus fertigzustellen hatte, teilte er ihm mit, dass dies sein letzter Auftrag sei und er danach aufhören werde.

»Schade!«, sagte der Unternehmer. »Sie sind ein guter Angestellter ... Wollen Sie nicht noch ein bisschen länger arbeiten?«

»Nein, nein, es gibt so vieles, was ich noch gerne tun möchte ... Ich will es ein bisschen ruhiger angehen lassen.«

»Okay.«

Der Mann stellte also das Haus fertig und ging dann zu dem Unternehmer, um sich zu verabschieden.

»Hören Sie«, sagte dieser zu ihm, »ich habe da einen Eilauftrag reinbekommen. Sie müssen noch ein Haus für mich bauen. Tun Sie mir den Gefallen. Nur noch dieses eine Mal. Bauen Sie noch dieses letzte Haus, nehmen Sie sich die Zeit, die Sie brauchen, aber bitte übernehmen Sie noch diesen einen Auftrag.«

Der Zimmermann sagte widerwillig zu. Und er beschloss,

so schnell wie möglich damit fertig zu werden, um sich end-
lich zur Ruhe setzen zu können, denn das war es, was er wirk-
lich wollte. Für ihn ging es um nichts mehr, er suchte nicht
länger die Anerkennung der anderen, weder sein Ruf noch
sein Geld standen auf dem Spiel, es stand nichts mehr auf dem
Spiel, er hatte seine Schäflein im Trockenen. Das Einzige, was
er wollte, war, es schnell hinter sich zu bringen.

Also schraubte er lustlos die Teile zusammen, verwendete
minderwertige Materialien, um Kosten zu sparen, schluderte
bei den Details, kurzum, im Vergleich zu sonst lieferte er
schlechte Arbeit ab. Und in kürzester Zeit stand das Haus.

Er ging zu dem Unternehmer, und der fragte:

»Und? Sind Sie fertig?«

»Ja, ja. Ich bin fertig.«

»Gut. Hier, nehmen Sie … Bauen Sie das Schloss ein, schlie-
ßen Sie ab und bringen Sie mir den Schlüssel.«

Der Zimmermann ging, setzte das Schloss ein, schloss ab
und kehrte zurück. Der Unternehmer nahm den Schlüssel ent-
gegen, gab ihn dem Zimmermann und sagte:

»Das ist unser Geschenk an Sie …«

Möglicherweise ist es uns nicht bewusst, aber das Leben, das
wir uns Tag für Tag aufbauen, ist das Haus, in dem wir leben.
Es ist unser Werk. Wenn es uns gleichgültig lässt, geben wir
nicht allzu viel darauf, ob das Haus Luxus bietet oder das eine
oder andere Detail noch nicht fertiggestellt ist, aber wir sollten sehr sorgfältig darauf achten, wie es gebaut wird. Wie viel
Energie, wie viel Engagement, wie viel Sorgfalt, wie viel Gründ-
lichkeit wir bislang darauf verwendet haben, unser Leben aufzubauen.

Und es wäre gut, wenn wir ihm von nun an mehr Aufmerksamkeit schenken würden.

Natürlich gibt es gefährdete Gegenden, wo ein Erdbeben

kommt und alles vernichtet, was du dir aufgebaut hast, und du wieder von vorne anfangen musst. Das gibt es.

Die Außenwelt ist da, daran gibt es nichts zu rütteln. Aber fügen wir diesen äußeren Unwägbarkeiten nicht noch das Risiko hinzu, dass wir uns nicht angemessen darum gekümmert haben, dieses Haus zu erbauen.

Denn auch wenn wir uns dessen nicht bewusst sind, dieses Leben, das wir uns aufbauen, ist das Leben, in dem wir uns einrichten müssen. Wir bauen kein Leben für den Nachbarn auf. Wir müssen dieses Leben leben.

Und warum sich mit irgendetwas zufriedengeben, wenn man sich selbst liebt und wertschätzt? Warum es so machen wie der Zimmermann aus der Geschichte?

Wenn du erkennst, dass du es verdienst, das bestmögliche Leben zu führen ...

Warum solltest du dir nicht das beste Haus bauen?

Warum solltest du dir nicht das beste Leben schaffen, in dem du von heute an leben wirst?

Mithin existiert die Freiheit nicht nur. Sie ist eine Notwendigkeit.

Mehr noch, wir kommen nicht daran vorbei, frei zu sein.

Wir machen ständig Gebrauch von ihr.

Octavio Paz sagte einmal: »Die Freiheit ist keine Philosophie und nicht einmal eine Idee. Sie ist eine Regung des Bewusstseins, die uns in bestimmten Momenten dazu bringt, zwei Wörter auszusprechen – ›ja‹ oder ›nein‹.«

Auf dem Weg

Folgende Szene werde ich nie vergessen:

Ich war ungefähr zwölf und mein jüngerer Cousin war damals drei ...

Wir befanden uns im Wohnzimmer im Haus meiner Groß-mutter. Mein Cousin kam angelaufen und prallte gegen den Couchtisch, fiel der Länge nach hin und begann zu heu-len.

Er hatte sich ordentlich gestoßen, und kurz darauf prangte eine Beule, so groß wie ein Pfirsichkern, auf seiner Stirn.

Meine Tante, die ebenfalls im Zimmer war, nahm ihn trö-stend in den Arm, und während sie mich losschickte, um Eis zu holen, sagte sie zu ihm:

»Du Ärmster, hat dich der böse Tisch gehauen ... Böser, böser Tisch!« Dabei schlug sie gegen das Möbelstück und er-munterte meinen armen Cousin, es ihr nachzutun.

Und ich dachte: ???

Was ist die Lehre daraus? Du trägst nicht die Verantwor-tung; du bist ein tapsiger Dreijähriger, der nicht aufgepasst hat, wo er hinläuft. Der Tisch ist schuld.

Der Tisch ist böse.

Einigermaßen überrascht, versuchte ich hinter die ver-steckte Botschaft der bösartigen Absichten von Gegenständen zu kommen.

Und meine Tante beharrte darauf, dass mein Cousin den Tisch schlug ...

Als Geschichte finde ich es witzig, aber die Lehre, die sich daraus ziehen lässt, erscheint mir fatal: Du bist für das, was du tust, nie verantwortlich, schuld ist immer der andere, nicht du. Schuld hat die Außenwelt, der andere soll dir aus dem Weg gehen, damit du dich nicht stößt ...

Ich musste einen langen Weg gehen, um mich von den Botschaften der Tanten dieser Welt zu lösen.

Es liegt in meiner Verantwortung, mich von dem fernzuhalten, was mir schadet. Es liegt in meiner Verantwortung, mich vor denen zu schützen, die mir nicht guttun. Es liegt in meiner Verantwortung, darauf zu achten, was mir passiert, und meinen Anteil daran zu erkennen.

Ich muss mir darüber klarwerden, welchen Einfluss das hat, was ich tue. Damit mir die Dinge passieren, die mir passieren, muss ich das tun, was ich tue. Das soll nicht heißen, dass ich alles beeinflussen kann, was mir passiert. Dennoch bin ich verantwortlich für das, was mir passiert, denn in gewissem Maße habe ich dazu beigetragen, und sei mein Beitrag noch so klein.

Ich habe keine Kontrolle über das Verhalten aller um mich herum, aber ich kann mein eigenes Verhalten kontrollieren. Ich kann selbst entscheiden, wie ich mich verhalte.

Ich bin frei in meinen Entscheidungen. Mit all meinen Beschränkungen, Nöten, meiner Unwissenheit, mit allem, was ich weiß und gelernt habe, muss ich entscheiden, was am besten für mich ist. Und danach handeln.

Ich muss mich besser kennenlernen, um meine Ressourcen zu kennen.

Ich muss mich selbst genug lieben, um auf mich zu schauen, und wissen, dass dies meine Entscheidung ist.

Und dann werde ich etwas haben, das aus der Autonomie heraus entsteht und die andere Seite der Freiheit ist: Mut. Ich werde den Mut haben, so zu handeln, wie es mir mein Gewissen eingibt, und den Preis dafür bezahlen.

Ich werde frei sein, auch wenn es dir nicht gefällt.

Wenn du mich nicht so liebst, wie ich bin, wenn du nicht bei mir bleiben willst, so wie ich bin, wenn du mich in der längsten und kältesten Winternacht allein lässt und weggehst … Dann schließ die Tür hinter dir, ja? Es zieht.

Schließ die Tür. Wenn das deine Entscheidung ist, dann schließ die Tür.

Ich werde dich nicht bitten, auch nur eine Minute länger zu bleiben, als du willst. Ich sage dir: Schließ die Tür, denn ich bleibe hier, und es wird kalt.

Das ist meine Entscheidung.

Sie macht mich zu jemandem, der nicht manipulierbar ist.

Denn wer selbstabhängig ist, ist nicht manipulierbar. Es gibt niemanden, der ihn manipulieren kann.

Einen selbstabhängigen Menschen manipulierst du nur, wenn er selbst es will, was wiederum heißt, dass er nicht manipulierbar ist. Er bestimmt über die Situation und sich selbst.

In deiner Geschichte und deiner Entwicklung ist das ein großer Schritt vorwärts. Du veränderst deine Art zu leben, und wahrscheinlich bedeutet es auch, dass du die Menschen an deiner Seite ein bisschen besser kennenlernst.

Wenn du wirklich selbstabhängig bist, wenn du dich jeder Manipulation verweigerst, werden sich wahrscheinlich einige Menschen aus deinem Umfeld verabschieden … Vielleicht will der eine oder andere nicht länger bleiben.

Gut, auch diesen Preis wirst du zahlen müssen.

Ich muss den Preis bezahlen und es aushalten, dass einige Menschen aus meinem Umfeld gehen.

Und mich darauf freuen, dass andere kommen werden (vielleicht ...).

Miguel und Tomás verlassen eine Veranstaltung. Sie gehen zur Garderobe, und die hübsche Garderobiere reicht Miguel einen schwarzen Mantel. Der holt einen Fünzig-Peso-Schein aus der Tasche und legt ihn auf den Tresen. Das Mädchen lächelt hinreißend und bedankt sich.

Draußen auf der Straße sagt Tomás vorwurfsvoll zu Miguel:

> *»Hast du das Trinkgeld gesehen, das du ihr gegeben hast?«*
> *Miguel sagt beiläufig:*
> *»Hast du den Mantel gesehen, den sie mir gegeben hat?«*

Der Preis, den wir für die Selbstabhängigkeit bezahlen, kann nicht zu hoch sein, denn nur so gehen wir sicher, dass wir im nächsten Winter nicht frieren werden.

Wenn man Entscheidungen trifft, die einen anderen betreffen – wichtige Dinge, wie zu lieben, oder unwichtige, wie miteinander über einen Platz zu flanieren –, muss man sich darüber im Klaren sein, dass es freiwillige Entscheidungen sind, die nicht *für* den anderen getroffen werden, sondern um *mit* ihm zu sein.

Es ist wichtig, uns bewusst zu machen, dass unsere Beziehung zur Welt, zum anderen und zu unserem Nächsten, in Wirklichkeit bedeutet, Dinge *mit* ihm zu tun.

Dass dieses *Miteinander* autonom ist und unsere freie Entscheidung.

Dass ich nichts für dich tue und du mir deshalb nichts schuldig bist.

Dass du nichts für mich tust und ich dir deshalb nichts schuldig bin.

Dass wir Dinge schlicht und einfach zusammen tun.

Und uns darüber freuen.

Zu lernen, den Weg gemeinsam zu gehen, ist eine weitere Herausforderung. Es ist *Der Weg der Begegnung*.

Dann werde ich nicht länger von dir abhängig sein, und ich werde es nicht darauf anlegen, dich von mir abhängig zu machen.

Ich werde nicht länger versuchen, dass du mich fürchtest.

Ich werde es nicht mehr nötig haben, dass du mich hasst.

Ich werde auf die Opferrolle verzichten, damit du niemals Mitleid mit mir hast.

Und ich werde nicht länger darauf hinarbeiten, dass du mich brauchst.

Ich werde mich damit zufriedengeben, dass du mich liebst. Oder auch nicht.

Und falls du mich nicht liebst, mach dir keine Sorgen um mich. Es wird immer jemanden geben, der in der Lage ist, mich zu lieben.

Die Idee des Sich-Befreiens, von der Lima Quintana in dem eingangs zitierten *Gedicht vom Wächter und vom Dieb* spricht, findet seine Fortsetzung in einem anderen seiner Gedichte, das nicht zufällig den Titel *Das Ziel* trägt:

Man muss den Gipfel erklimmen
Das Licht erreichen
Jedem Schritt einen Sinn geben
Die Einfachheit aller Dinge preisen
Jeden Tag freudig willkommen heißen
Diesen schmalen Pfad bergan gehen, der zum Ziel führt
Die Angst und das Scheitern für immer hinter sich lassen
Und erst wenn wir stolz und siegesfroh
Singend den Gipfel erreichen, erst dann
Können wir die Hände ausstrecken
Um denen zu helfen, die hinter uns zurückblieben.

Erst wenn ich mein Ziel erreicht habe, kann ich daran denken, dem Nächsten dabei zu helfen, seinen eigenen Weg zu gehen. Es mag nicht mein Weg sein, aber für ihn ist es ein guter Weg.

Man muss zwischen Aufbegehren und Starrsinn unterscheiden lernen.

Letzten Endes steht es mir frei, mich an die Regeln zu halten, in dem Wissen, dass ich sie jederzeit brechen könnte, was meinen Respekt vor ihnen aufwertet.

Müssen Regeln, Normen, Gewohnheiten immer beibehalten werden?

Und wenn ja, welche?

Deine?

Meine?

Die der Mehrheit?

Man muss genau abwägen, was eine selbstabhängige Entscheidung ist.

Man muss die Herausforderung annehmen, eine selbstabhängige Person zu werden, und das bedeutet:

dass ich mir mehr und mehr das Recht zugestehe, meine eigenen Entscheidungen zu treffen;

dass ich mir mehr und mehr Räume der Widerständigkeit zugestehe;

dass ich mich mehr und mehr von den Wertungen und Manipulationen der Umgebung frei mache;

dass ich mir mehr und mehr Räume innerer Zufriedenheit eröffne.

Diese Räume kann mir niemand geben, und niemand kann sie mir nehmen.

Ich selbst muss sie schaffen oder in mir entdecken, ich muss zuerst den Preis bezahlen und tapfer die Verletzungen aushalten, um dann laut und vernehmlich meine Entscheidung kundzutun, dass ich sie für mich in Anspruch nehme.

Nicht, um bei ihrer Verteidigung zu sterben, sondern um darin zu leben und sie mit anderen zu teilen.

Wenn wir den Gipfel erreichen, haben wir sicher gemeinsam einen Weg gefunden, das Mögliche wirklich werden zu lassen.

Die folgende Geschichte hörte ich zum ersten Mal vor fast zwanzig Jahren. Seither bin ich ihr noch sehr oft begegnet, oder vielleicht sollte man eher sagen, sie hat mich immer wieder gefunden. Am Ende des Wegs der Selbstabhängigkeit kann nur diese Geschichte stehen, meine eigene Version dieser uralten, überlieferten Erzählung.

Es waren einmal im alten China drei buddhistische Mönche, die reisten von Dorf zu Dorf, um den Menschen dabei zu helfen, ihre Erleuchtung zu finden. Dabei hatten sie ihre eigene Methode: Alles, was sie taten, war, auf den Dorfplatz zu gehen, wo mit großer Wahrscheinlichkeit ein Markt stattfand. Sie stellten sich einfach zwischen die Leute und begannen lauthals zu lachen.

Die Menschen, die vorüberkamen, sahen sie verdutzt an, aber sie lachten einfach immer weiter. Oft fragte jemand: »Worüber lacht ihr?« Dann verstummten die Mönche kurz und sahen einander an, deuteten auf den Fragenden und brachen erneut in schallendes Gelächter aus. Und es passierte immer dasselbe: Die Dorfbewohner, die sich um die drei scharten, um sie lachen zu sehen, ließen sich schließlich von ihrem Lachen anstecken und begannen ebenfalls zu lachen, zurückhaltend zunächst, am Ende aus vollem Halse.

Nachdem sie eine Weile gelacht hatten, so erzählte man sich, vergaßen alle, dass sie auf den Markt gekommen waren, um einzukaufen. Das ganze Dorf lachte und lachte, und nichts hatte genug Bedeutung, um diesen Nachmittag zu trüben. Als die Sonne unterging, kehrten die Leute lachend in ihre Häuser zurück. Aber sie waren nicht mehr dieselben; sie waren erleuchtet. Die drei Mönche aber nahmen ihre Bündel und machten sich auf den Weg ins nächste Dorf.

Der Ruf der Mönche verbreitete sich in ganz China. In manchen Dörfern versammelten sich die Menschen schon am Vorabend auf dem Marktplatz, wenn sie vom Besuch der Mönche erfuhren, um dort auf ihre Ankunft zu warten.

Eines Tages geschah es, dass kurz nach der Ankunft in einer Stadt einer der Mönche starb. »Jetzt werden wir ja sehen, ob den anderen beiden immer noch nach Lachen zumute ist«, *sagten einige.*

An diesem Tag strömten immer mehr Menschen auf den Platz, um sich an der Traurigkeit der lachenden Mönche zu weiden oder sie in ihrem Schmerz zu begleiten, den sie gewiss empfanden.

Was für eine Überraschung, als sie auf den Platz kamen und die beiden Mönche neben dem Leichnam ihres Gefährten sitzen sahen … lauthals lachend! Sie deuteten auf den Toten, sahen sich an und brachen erneut in Lachen aus.

»*Der Schmerz hat ihnen den Verstand geraubt*«, *sagten die Dorfbewohner.* »*Lachen um des Lachens willen ist gut, aber das hier geht zu weit. Ein Mann ist gestorben, da gibt es keinen Grund zu lachen.*«

Die lachenden Mönche sagten glucksend: »*Ihr versteht nicht … Er hat gewonnen. Er hat gewonnen!*« *Und sie lachten weiter.*

Die Leute aus dem Dorf sahen sich verständnislos an. Die Mönche erklärten leise kichernd: »*Auf dem Weg hierher haben wir eine Wette abgeschlossen, wer von uns als Erster sterben würde. Mein Gefährte und ich sagten, ich sei an der Reihe, weil ich viel älter bin als die anderen beiden, aber er … Er sagte, er sei der Auserwählte, und er hat gewonnen. Versteht ihr? Er hat gewonnen.*« *Und sie brachen erneut in lautes Gelächter aus.*

»*Sie sind völlig verrückt geworden*«, sagten alle. »*Wir müssen uns um die Beerdigung kümmern. Mit den beiden ist nichts anzufangen.*«

Einige wollten den Leichnam nehmen, um ihn zu waschen und einzusalben, bevor man ihn auf dem Scheiterhaufen verbrannte, wie es zu jenen Zeiten in jener Gegend Brauch war.

»*Rührt ihn nicht an!*«, riefen die Mönche, ohne mit dem Lachen aufzuhören. »*Rührt ihn nicht an ... Wir haben einen Brief von ihm. Er wollte, dass man nach seinem Tod den Scheiterhaufen errichtet und ihn so verbrennt, wie er ist. Wir haben alles schriftlich. Und er hat gewonnen. Er hat gewonnen!*«

Alle waren zutiefst bestürzt, nur die Mönche lachten. Der Bürgermeister des Ortes sah sich das Schriftstück an, vergewisserte sich des letzten Willens des Toten und ließ alles veranlassen, um ihn zu erfüllen. Die Dorfbewohner schleppten Äste und Holzscheite herbei, um den Scheiterhaufen zu errichten, während die Mönche ihnen zusahen und über sie lachten.

Als der Scheiterhaufen fertig war, hoben alle gemeinsam den leblosen Körper des Mönchs von der Erde auf und legten ihn auf das aufgeschichtete Reisig. Der Bürgermeister sprach ein paar Worte, denen niemand zuhörte, und entzündete dann das Feuer. Einige wenige vergossen stumme Tränen, die Mönche hingegen schüttelten sich aus vor Lachen.

Plötzlich geschah etwas Seltsames. Von dem brennenden Körper stieg ein leuchtend gelbes Licht in den Himmel auf und explodierte mit einem ohrenbetäubenden Knall. Dann erfüllten weitere leuchtende Kometen den brennenden Körper mit Licht, gleißende Funken stiegen in den Himmel, und der Scheiterhaufen verwandelte sich in ein unglaubliches Schauspiel aus tanzenden, sich drehenden Lichtern und lautem Knistern und Zischen. Die beiden Mönche klatschten, sie lachten und riefen: »Bravo! Bravo!«

Und dann geschah es. Zuerst lachten die Kinder, dann die jungen Leute und schließlich auch die Alten, und klatschten vor Freude in die Hände. Die übrigen Dorfbewohner bewahrten zunächst die Fassung und wollten die Lachenden zurechtweisen, doch nach kurzer Zeit lachten alle aus vollem Halse.

Wieder einmal war das Dorf erleuchtet worden.

Aus irgendeinem unbekannten Grund hatte der lachende Mönch gewusst, dass sein Ende nahe war, und hatte vor seinem Tod jede Menge Feuerwerkskörper unter seinen Kleidern versteckt, damit diese auf dem Scheiterhaufen explodierten. Es war sein letzter Scherz, mit dem er den Tod und das Leid verspottete. Es war die letzte Lehre des buddhistischen Meisters:

Das Leben endet nicht. Es beginnt immer wieder von neuem.

Und das erleuchtete Dorf lachte und lachte.

Jorge Bucay
Das Buch der Weisheit
Wege zum Wissen
Aus dem Spanischen von Lisa Grüneisen
Band 19797

Jorge Bucay geht unseren Vorstellungen von der Welt auf
den Grund. Er macht uns Mut, Fragen zu stellen, alte Denk-
muster abzulegen und den Weg zu beschreiten, der von der
Ignoranz zum Wissen führt.

»In Wirklichkeit ist Weisheit dort zu finden,
wo sich Wissen, Erfahrung, persönliche Veränderung
und innere Befreiung vereinen.«
Jorge Bucay

Das gesamte Programm gibt es unter
www.fischerverlage.de

Jorge Bucay
Das Buch der Trauer
Wege aus Schmerz und Verlust
Aus dem Spanischen von Lisa Grüneisen
Band 19795

Jorge Bucay zeigt, wie Trauerarbeit gelingen kann. Im »Buch der Trauer« fächert er die ganze Vielfalt der Verluste auf, die uns im Leben begegnen können. Anschaulich macht er uns bewusst, was es heißt den Schmerz anzunehmen, sich der Trauer zu stellen. Denn nur so werden wir die Erfahrung machen, dass auch nach den größten Verlusten das Leben wieder auf uns wartet.

„Verluste sind Teil unseres Lebens. … Das, was wir sind,
sind wir durch alles, was wir verloren haben, und dadurch,
wie wir mit diesen Verlusten umgegangen sind."
Jorge Bucay

Das gesamte Programm gibt es unter
www.fischerverlage.de

Jorge Bucay
Das Buch vom Glücklichsein
Wege zu einem erfüllten Leben
Aus dem Spanischen von Lisa Grüneisen

Band 19796

Wenn Jorge Bucay vom Glück spricht, so sieht er darin eine
„unserer größten Herausforderungen". Denn kaum etwas in
unserem Leben scheint so anfällig für Illusionen zu sein wie
unsere Vorstellung vom Glück. Bekanntlich ist der Abstand
zwischen dem Ersehnten und der Realität gewaltig. Und
doch gibt es einen Weg, er führt über die Bereitschaft zum
Kompromiss, ist immer individuell und ohne persönlichen
Einsatz nicht zu haben.

»Glücklich sein ist eine unserer größten
Herausforderungen.«
Jorge Bucay

Das gesamte Programm gibt es unter
www.fischerverlage.de